优师领航

运动让孩子更聪明

促进幼儿脑智发展的体育游戏集

南京师范大学出版社

图书在版编目（CIP）数据

运动让孩子更聪明．促进幼儿脑智发展的体育游戏集 / 周荣荣主编． -- 南京：南京师范大学出版社，2025.3. (优师领航)． -- ISBN 978-7-5651-6873-4

Ⅰ．G613.7

中国国家版本馆CIP数据核字第2025Y0G382号

丛 书 名	优师领航
书　　名	运动让孩子更聪明——促进幼儿脑智发展的体育游戏集
主　　编	周荣荣
责任编辑	唐　欣
出版发行	南京师范大学出版社
地　　址	南京市鼓楼区北京西路72号（邮编：210016）
电　　话	(025)83598919(总编办)　83598412(营销部)　83598009(邮购部)
网　　址	http://press.njnu.edu.cn
电子信箱	nspzbb@njnu.edu.cn
印　　刷	苏州市越洋印刷有限公司
开　　本	787mm×960mm　1/16
印　　张	18.75
字　　数	257千
版　　次	2025年3月第1版
印　　次	2025年3月第1次印刷
书　　号	ISBN 978-7-5651-6873-4
定　　价	85.00元
出 版 人	张　鹏

南京师大版图书若有印装问题请与销售商调换

版权所有　侵权必究

编委会

主　　编：周荣荣

顾　　问：陆　伟　杨元魁

副 主 编：余后燕　王园园　史　英

编　　委：刘耘昭　朱雅琪　武玉娟　谢亚男
　　　　　陈雅婷　江昕谚　吕梦侠　杨明睿
　　　　　吴秋雨　张丽娟　宋曦韵　贾　敏
　　　　　庆　琪　严丹辰　阎　青　杨婷婷
　　　　　余卫晨　张玉珏　吴晓慧　卢　蓓
　　　　　葛唯唯

编者的话

新时代人才是服务中国式现代化建设的"第一资源",幼儿园作为人一生发展的奠基阶段,作为落实科教兴国战略、培养拔尖创新人才的初始阶段,要为孩子们埋下创造的种子,因此需要更多关注儿童的思维和思考。在此背景下,"运动让孩子更聪明"这一观点逐渐深入人心,成为南京市大厂实验幼儿园(以下简称"我园")探索幼儿体育教育的新方向。

卢梭的箴言"虚弱的身体,将永远培养不出有活力的灵魂和智慧",深刻揭示了体育与智力发展的内在联系。在体育游戏实践中,我园曾面临重"体"轻"智"的困境,即过分强调身体的锻炼而忽视了对幼儿思维与心智的滋养。为打破这一局限,我们转而追求身、脑、智的全面发展,将体育游戏视为激发幼儿潜能、促进智力成长的宝贵途径。

2019年起,我们携手东南大学脑科学研究专家杨元魁博士,开展了一系列实证研究,旨在科学验证"运动与幼儿脑智发展的关系"。通过分组对照实验发现,长期参与体育游戏的幼儿不仅身体素质获得显著提升,其大脑神经元网络也更为丰富,展现出更强的认知能力、语言表达能力和思维创造力。这一发现不仅印证了我园的教育理念,也为后续的研究与实践提供了坚实的科学依据,于是,便有了我园和杨博士共同完成的研究著作《运动让孩子更聪明——促进幼儿脑智发展的体育游戏创新实践》。

在此基础上,我们更加深刻地认识到学龄前是儿童大脑发育的黄金时期,运动与玩耍是塑造大脑形态与功能的关键力量。我们研究团队结合幼儿教育的实际情况,将体育游戏进行科学创编,设计了分别适合小、中、大班的21个主题游戏,涵盖集体活动、晨间锻炼、午后体锻、亲子运动等既能锻炼身体又能启迪心智的多样化活动。这些游戏不再是简单的体育动作和技能，而是以身、脑、智联合运动为基础的活动，是一种有设计的、基于运动技能及脑智发育的，能充分发展幼儿体力、脑力和心智的活动，不仅注重外在动作的协调性，更强调内在思维的激活与拓展。

在实践过程中，我们构建了"运动游戏—关键经验—核心能力"的指标框架体系，将脑智发展的核心能力指标具化为幼儿在游戏中的行为表现，为教师提供了可观察、可评估的量化工具。这一体系的建立，不仅提高了体育游戏的针对性和实效性，也为教师的专业发展提供了有力支持。

本书的完成，得到了诸多专家的指导和帮助，在此表示衷心地感谢！同时也要感谢研究团队中的每一位老师，怀揣着教育理想，着眼于孩子的未来，不断加强自身学习、耕耘研究、贡献智慧。

目录 contents

总论	1
第一部分：小班体育活动	**7**
热心的建筑师（第一课时）	7
热心的建筑师（第二课时）	16
小动物回家啦（第一课时）	25
小动物回家啦（第二课时）	34
汪汪队出击（第一课时）	44
汪汪队出击（第二课时）	53
虫虫特工队（第一课时）	61
虫虫特工队（第二课时）	68
小兔蹦蹦寻宝记（第一课时）	75
小兔蹦蹦寻宝记（第二课时）	82
第二部分：中班体育活动	**90**
兔子工程师（第一课时）	90
兔子工程师（第二课时）	98
密林寻宝（第一课时）	106
密林寻宝（第二课时）	114
购物小能手（第一课时）	123
购物小能手（第二课时）	132
功夫熊猫（第一课时）	140
功夫熊猫（第二课时）	148
小猴拾果子（第一课时）	156
小猴拾果子（第二课时）	163

第三部分：大班体育活动 ... 171

    小小建筑师（第一课时） ... 171

    小小建筑师（第二课时） ... 179

    小小建筑师（第三课时） ... 187

    聪明的小鸡（第一课时） ... 194

    聪明的小鸡（第二课时） ... 205

    开心多人车（第一课时） ... 214

    开心多人车（第二课时） ... 222

    逛超市（第一课时） ... 229

    逛超市（第二课时） ... 238

    逛超市（第三课时） ... 246

    闯关大比拼 ... 254

    袋鼠跳跳乐（第一课时） ... 263

    袋鼠跳跳乐（第二课时） ... 271

    运粮食 ... 280

附 ... 288

    融入创新要素的体育游戏样例及实施建议 ... 288

总论

一、促进幼儿脑智发展的体育游戏活动案例设计理念

1. 借助理论研究的成果，建立核心概念谱系和目标体系，以此保障游戏活动的赋能和导向。

2. 以基本动作发展为身体发展的主要载体，以游戏为活动形式，确保符合《幼儿园教育指导纲要（试行）》《3—6岁儿童学习与发展指南》以及相关文件的要求。

3. 建立"促进幼儿脑智发展的体育游戏"的教学基本逻辑，即以经验叠加和经验交互两种模式进行教学。

4. 为确保"充分关注幼儿的差异"和"教学的全纳性"，教学实施以"基于事实，基于诊断"为理念，在保障大多数的情况下，充分关注差异，以分层、分类，双师辅助等手段实施动态教学。

5. 通过专项研究，将角色和职业的积极价值进行分类和描述，形成分类表，案例中的情境设置、角色扮演均对照分类表进行设置，以塑造导向正确和有意义的学习氛围。

6. 关注"教学契机"，从幼儿的已有经验出发，以"遇见问题，切入教学"的方式创造教学契机。

二、促进幼儿脑智发展的体育游戏活动内容设计和活动时数分配

促进幼儿脑智发展的体育游戏活动内容设计和活动时数分配							
序号	脑智核心要素	小班	活动时数	中班	活动时数	大班	活动时数
1	记忆	《热心的建筑师》	2	《兔子工程师》	2	《小小建筑师》	3
2	专注	《小动物回家啦》	2	《密林寻宝》	2	《聪明的小鸡》《开心多人车》	4
3	反应	《汪汪队出击》	2	《购物小能手》	2	《逛超市》	3
4	协调	《虫虫特工队》《小兔蹦蹦寻宝记》	4	《功夫熊猫》《小猴拾果子》	4	《闯关大比拼》《袋鼠跳跳乐》《运粮食》	4
5	创新					《轮胎真好玩》《我会这样跳》《请你来挑战》《上山大怪物》	4

三、促进幼儿脑智发展的体育游戏活动案例设计和体例要求

1. 目标描述包括身体动作发展目标、脑智发展目标、社会情绪能力目标三个方面。

2. 运动量以中等强度的距离来替代，对相关活动的距离、时间、器材数量均进行标注。

3. 以图文结合的方式帮助教师理解设计意图和操作要求。

4. 在教学过程中的关键节点设置"教学提示"，指导教师把握要点。

5. 为保证"任务布置，关键点的指导"等通过教师语言能够"交代到位"，案例中描述了部分"关键语言"，供其他摹课教师参考。

6. 游戏变化规律均按照每次只变一个变量的要求进行设置，相关变量为：对象、线路、数量等。

7. 案例中的特殊活动器材和辅助教具均进行了"标准化定制"，便于同层次其他教师的现场操作。

8. 游戏情境中的角色和职业均有特定的积极品质对应，参照"常见动作与典型品质对照表"设计情境中的角色和任务；情境设置的背景、任务、情节、要求等要素需完整；以"贴近现实生活、靠向未来生活"为方向，突出角色"本色外"赋予的功能指向，将"你是……"转变为"我是……"，促进幼儿的责任意识和主动作为。

9. 评价先于活动设计，对照《发展性量规》来设计活动环节，提升教学评的一致性。

10. 采用"1+557"的设计模式，即1为一次集体教学活动，5天晨间锻炼（变化2—3次，即2—3个活动），5天体育活动（变化2—3次），7天家庭锻炼（变化3次）。当一次集体教学活动不能满足所有幼儿或者不能保证所有幼儿都达到目标，就需要通过557进行补充和练习。

四、促进幼儿脑智发展的体育游戏活动实施建议

(一) 活动组织

1. 安全原则。

基于幼儿的身体能力特点及已有经验，教学活动应充分考虑安全因素，场地、器材等在操作中应充分关注，并作为课堂常规教育的主要内容。

2. 内容和难度设置。

遵守"从实际出发"的原则，从幼儿现有体能状况、能力水平出发安排具体的教学内容；难度设置遵守"以学定教"的原则，根据幼儿学习现场有机调整教学的进程；遵循"循序渐进"的原则，设置合理、适宜的难度台阶，逐步推进幼儿学习发展；遵循"能力分层"的原则，根据教学班幼儿的能力分别设置难度或根据实际情况有机调整难度。

(二) 教学策略

1. 活动组织以行动体验为先导，教学的起点是幼儿的原有经验和水平，以"展示（原有经验和水平）—挑战（接触、尝试新动作）—体验（聚焦动作感受，抓住差异点）—练习改进（集体或分组练习，改进各自的问题）—展示（展示新经验，交流新收获）"为基本逻辑，第一个展示的目的是激发幼儿兴趣，唤醒原有的动作经验，在升级的难度中接触并尝试新技能，通过引导和询问强化幼儿的动作感知，教师通过幼儿的运动表现发现动作问题，之后开展集体同层次、同内容、同方式的练习改进，如差异较大则采用分层次、分组的方式，按不同内容、不同方式进行调整与改进，分组指导由配班教师协助完成。

2. 以示范、跟做、跟学为主要学习方式。动作要领的讲解伴随教学过程及学习的演化，逐步进行，不宜采用"动作示范、要领讲解、动作练习"的

小学课堂模式。

3. 需将专业的动作要领表述进行儿童化语言改造，使用幼儿能够理解的语言讲述动作要领，每次讲解句长不宜超过2句。在经过一定课时的教学后，方可用专业术语点睛式提示。教师的课堂语言要精练且具有激励性，围绕评价主线展开，并充分利用势态语（肢体、动作等）传达信息。

4. 活动以游戏为主要模式。游戏的原有设计、要求是基础，教师可根据幼儿学习的实际情况进行调整，以达到推动幼儿学习、适配幼儿发展能力的目的。

5. 幼儿教学活动，教师的细致观察、主动调整是关键。授课教师应全程、全员关注幼儿状态，予以主动调控。

6. 活动的开始和结束应有仪式感，活动前激发、活动中激励、活动后鼓励，对幼儿学习有积极的引领作用。

7. 情境设置应贴近生活，反对简单幼稚、脱离认知的情境设置，角色扮演的设计要凸显"角色的价值引导"，将情绪、情感、态度融入角色，要有明确的方向、主题、符号。

五、促进幼儿脑智发展的体育游戏活动部分现场操作细节

1. 准备活动。

鉴于幼儿的身体特点及相关研究和先例，本集所有的游戏操作不强调专项的准备活动，但需要渐进地增加运动量，且必须强调目标指向，引导幼儿注意力指向主题。

2. 活动提问。

教师观察、全体提问、逐个提问、代表提问这四种方式和策略混合使用。

3. 活动语言。

教师讲解要完整、清晰，便于幼儿记忆，如："地点＋内容＋数量＋要求"。口语和书面语言结合，对关键词语的讲述一定要规范，努力促进幼儿对词义的准确理解。语言需采用幼儿可以理解的语词习惯，在讲述中采用教师语言描述、伴随活动穿插讲述、配合背景音乐讲述等方式，但教师必须在讲述完毕后，询问幼儿是否明白。如若情节复杂，可按活动进程分次讲述。

4. 活动反馈。

活动中给幼儿提问和主动表达的时间和机会，帮他理清思路，通过他说了解他到底在想什么，为什么这么想。重视回顾，活动结束尽量即时反馈，如：请幼儿表达（书画为主、口头为辅）活动中印象最深的人、物和事件。

5. 活动评价。

教师的评价需有主线，通过不断提示强化，促进短时记忆到长时记忆的转变；活动评价中多用肢体语言给幼儿鼓励和肯定，如摸头、击掌等；强化表扬导向，但要基于目标、基于幼儿完成任务的情况，避免片面笼统的表扬；需加强关键能力、学习品质和必备品格的培养。

6. 活动观察。

采用"先整体再个别"的方式，在确保发展大多数的情况下，通过其他方式解决小部分的问题。教学过程中通过观察"整体＋个体"，不断诊断幼儿表现，判断发展进度，动态调整游戏内容、方式、难度及支持策略。

7. 思维发展。

引导幼儿调取观察到的信息和脑中的经验，并对所有信息进行综合考量。这不作为硬性指标，但一定要有所引导。

第一部分：小班体育活动

热心的建筑师（第一课时）

记忆	√√√	
专注	√	
反应	√√	基本动作能力：跑
协调		
创新		

一、活动目标

1. 能在连续8米的跑动过程中，记住小猪搭房子需要的砖块颜色及数量，跑动时身体姿态较好。

2. 能够根据设计图记忆需要寻找的砖块颜色及数量，并在准确找到后为小猪搭建房屋。

3. 萌发对建构游戏的兴趣，体验成为"建筑师"能够帮助小猪盖房子的快乐和自豪感。

二、重难点

活动重点：听清信号，在连续跑动的过程中，记忆对应的颜色与数量信息后进行搭建。

活动难点：记忆设计图中的相关信息，准确识别并快速找到指定形状和颜色的砖块。

三、活动准备

1. 经验准备：

（1）运动技能准备：幼儿有跑的初步意识，具备基本的抓握和操作能力，能够准确地拿起和放置砖块。

（2）知识储备（游戏准备）：幼儿听过《小猪盖房子》的故事，知道要趁大灰狼不注意的时候进行房屋搭建；熟悉并识别常见的颜色。

（3）经历（生活方面）：幼儿玩过建构区的砖块搭建游戏，简单了解叠高搭建等概念，知道用砖块搭建房子。

2. 器材准备：3 只小猪的录音，大灰狼打哈欠、走路的音频，两面贴有子母扣的红、黄、蓝三种颜色的正方体砖块（7 cm×7 cm×7 cm，红色 64 个、黄色 48 个、蓝色 32 个），地基 3 个（去顶长方体：112 cm×7 cm×3 cm），儿童斜挎包 16 只（16 cm×20 cm，肩带长 42 cm），圈 4 个（直径 45 cm），平衡木 2 个（高 20 cm），垫子 2 组。

3. 场地准备：大于 15 m×25 m 的空旷场地。

四、活动过程

（一）情景引入、热身活动

热身活动。

师：建筑师们，3 只小猪想要邀请我们去做客，我们去看看他们家在哪里吧！

【教师和幼儿围绕场地跑动，在游戏情景中熟悉场地位置。】

师：小猪家到底在哪里？我们给小猪打个电话吧！

【播放小猪录音 1：我是小猪，我的家倒了，只剩一个地基了。你们能帮我按照原来的样子重新搭一个房子吗？】

师：你们愿意吗？

【播放小猪录音2：谢谢你们！不过你们要站在安全线后面，要随时关注，会有大灰狼来。】

师：那里有一些砖块，你们跑过去看看，有什么样的砖块？

小结：我们跑的时候要眼睛看前面，小手弯曲在身体两边摆动。

师：请你们再跑去看看还有什么砖块呀。

【播放大灰狼的声音，幼儿快速回到安全线。】

师：我们帮助小猪盖房子时，听到大灰狼的声音就要快速回到安全地带。

提示：幼儿在跑步过程中，跑步动作不协调时，教师与协调的幼儿给予正确的动作示范，鼓励幼儿跑步时，眼睛看前面，小手弯曲在身体两边摆动进行协调地跑动。

(二) 通过三种游戏，巩固四散跑的动作技能

师：马上就要为小猪盖房子了，小猪为你们准备了可以装运砖块的斜挎包。

1. 游戏一：记忆1种颜色的3个砖块并按图纸搭建。

（1）根据图纸寻找正确数量的砖块。

师：小猪告诉我，他们想搭建的房屋要用到这样的砖块（出示任务单图示1）。

【教师和幼儿共同解读任务单图示1，出发寻找3个红色砖块。】

教师和幼儿共同检验，发现问题，引导幼儿进行调整。

（2）根据图纸搭建房屋。

师：请你根据设计图去搭建小猪的房子。

【幼儿根据实物图1游戏1次，教师和幼儿共同检验，发现问题进行调整。】

2. 游戏二：记忆2种颜色的3个砖块并按图纸搭建。

（1）根据图纸寻找正确数量的砖块。

师：小猪想要的房子还需要什么样子的砖块？（出示任务单图示2）

【教师和幼儿共同解读任务单图示2，出发寻找2个黄色和1个蓝色砖块。】

师：这些砖块是怎么摆放的？

【引导幼儿发现2个黄色的砖块在上面，1个蓝色的砖块在下面。】

教师和幼儿共同检验，发现问题，引导幼儿进行调整。

（2）根据图纸搭建房屋。

师：需要怎么搭建呢？你记住了吗？出发吧！

【幼儿根据实物图2游戏1次，教师和幼儿共同检验，发现问题进行调整。】

师：刚刚造房子时发生了什么问题？

提示：引导幼儿按照砖块颜色顺序进行记忆，不仅仅要记住颜色还要记住摆放位置，如果记不住可以再看看设计图提醒自己加强记忆。

3.游戏三：记忆3种颜色各一个的砖块并按图纸搭建。

（1）根据图纸寻找正确数量的砖块。

师：小猪还需要什么颜色的砖块？

【教师和幼儿共同解读任务单图示3，引导幼儿观察设计图，红色、黄色、蓝色砖块各需要1个，其中红色在最上面，黄色在中间，蓝色在最下面。】

教师和幼儿共同检验，发现问题，引导幼儿进行调整。

（2）根据图纸搭建房屋。

师：需要怎么搭建呢？

【幼儿根据实物图3游戏1次，教师和幼儿共同检验，发现问题进行调整。】

提示：引导幼儿比较搭建的成果与实物图，不准确的及时修改。

【根据幼儿游戏情况，再次游戏2—3次。】

提示：幼儿找错砖块或找不到砖块时，引导幼儿记忆实物模型，指出需要找的砖块特征，并鼓励幼儿之间相互帮助。如果幼儿仍然找不到，教师可以适当再次出示实物模型。

（三）结束环节

师：小猪的房子搭到这里，完成了吗？还缺少什么？

【引导幼儿仔细观察，缺少一面墙、房顶等。】

师：刚刚在你们搭建的时候，我搭好了最后一面墙，小猪也找到了合适的屋顶，我们一起把它们组装起来吧！

师：搭建了这么漂亮的房子，辛苦大家了，我们一起放松放松吧！

【场地图示】

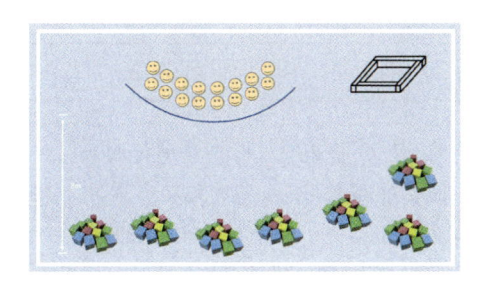

场地图示1

【任务单图示及实物图】

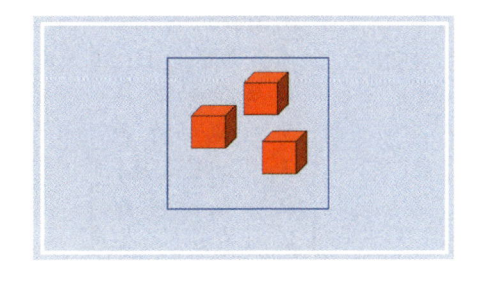

任务单图示1 　　　　　　　　实物图1

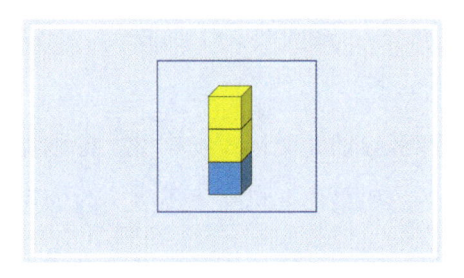

任务单图示 2 　　　　　　　　　　实物图 2

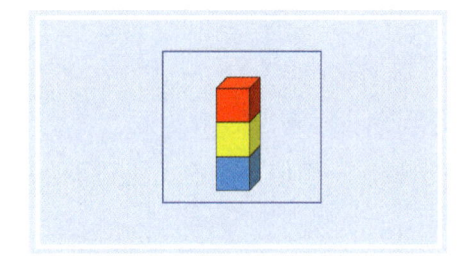

任务单图示 3 　　　　　　　　　　实物图 3

体育游戏观察量规

观察指标		水平 1	水平 2	水平 3	量化
动作发展	位移动作——跑	在成人提醒下，能进行四散跑的跑动形式。动作不标准，没有意识做跑的姿势	能进行四散跑的跑动形式。有意识地运用跑步姿势，但动作不标准	能进行四散跑的跑动形式。准备时，躯干正直稍前倾，眼看前方。跑动时，手臂反向摆动，两臂屈肘于两侧，两手半握拳，拳眼向上；双脚使劲蹬地向前跑，前脚掌—脚跟着地，从脚跟过渡到脚趾发力	

续表

观察指标		水平1	水平2	水平3	量化
脑智发展	记忆——空间记忆	能记住1个物体的特征	能记住2到3个物体的特征（如颜色、大小等）	能记住4个及以上物体的特征（如颜色、大小等）	
	记忆——数字记忆	记住1个物体	能记住2到3个物体	能记住4个及以上物体	
社会情感	观点采择	活动时不愿意接受同伴的意见和建议	活动时能尝试接受同伴的意见和建议	活动时愿意接受同伴的意见和议建	

上午晨间锻炼

阶段一【D1、D2】

【方法】

选择几段节奏鲜明、易于区分的音乐片段作为信号。教师播放不同的音乐片段，每段音乐代表一个特定的动作（如拍手、踏步、转圈等）。幼儿需要仔细听音乐，并快速做出相应的动作。

阶段二【D3、D4、D5】

【方法】

增加更多不同的音乐片段及其对应的特定动作。随着游戏的进行，教师可以逐渐加快音乐切换的速度，增加挑战性。

下午体育活动

阶段一【D1、D2、D3】

【内容】"风来了"

【方法】

教师用简单明了的口令作为信号,如"大风吹""小风吹""停"等。幼儿听到口令后需要立即做出相应的反应("大风吹"对应跑动、"小风吹"对应蹲下、"停"对应停止)。交换幼儿,发出指令,再次游戏。

阶段二【D4、D5】

【内容】"风的故事"

【方法】

教师讲述一个简单的故事,并在故事中嵌入"大风吹""小风吹""停"等多个动作信号。幼儿需要仔细听故事,并听清其中的动作信号,然后在故事结束后按照记忆的顺序复述并做出相应的动作。

家庭亲子活动

【D1、D2】

1. 原地跑步:幼儿听家长的拍手节奏调整原地跑步的速度。拍得快,跑得快,拍得慢,跑得慢。

2. 手眼协调:家长给出"物品"口令,幼儿持对应物品向 2 m 远处的容器里投。

【D3、D4】

1. 前进跑步:幼儿听家长口令"跑几步",然后一边跑,一边数,跑出对应数量的步数。

2. 手眼协调:幼儿自抛自接毛线球。与家长面对面互相抛接毛线球,间距从 1 m 开始逐渐增大。

【D5、D6、D7】

1. 听信号跑：幼儿听家长的口令原地快速跑、原地踏步、停止，例如"大风吹"表示快速跑，"小风吹"表示踏步，"停"表示停止。游戏 2—3 组之后变成其他口令，每组游戏进行 20 s 后休息 30 s。

2. 手眼协调：拍皮球，每组 20 s，每天 3 组，两组中间休息 30 s。

热心的建筑师（第二课时）

记忆	√√√	
专注	√	
反应	√√	基本动作能力：跑
协调		
创新		

一、活动目标

1. 认识并区分不同的彩色砖块，能够准确搭建出设计图上的方块组合。

2. 记住并按顺序完成2—3个任务，能够遵守游戏规则，先取得宝石，再用宝石交换指定颜色和数量的砖块。

3. 体验建构游戏的快乐，愿意为需要帮助的人提供力所能及的帮助。

二、重难点

活动重点：记住每次需要交换的材料颜色及数量，并准确找到和取回。

活动难点：按顺序完成2—3个任务，根据设计图要求完成搭建任务。

三、活动准备

1. 经验准备：

（1）运动技能准备：幼儿有跑的经验，具备基本的抓握和操作能力，能够准确地拿起和放置砖块。

（2）知识储备（游戏准备）：知道以物换物，即不同物品之间可以进行交换；熟悉并识别常见的颜色。

（3）经历（生活方面）：幼儿玩过盖房子的砖块搭建游戏，会看图纸寻找砖块搭建房子。

2. 器材准备：3只小猪的录音，大灰狼打哈欠、走路的音频，红、黄、蓝、绿四种颜色的正方体砖块（7 cm×7 cm×7 cm，红色48个、黄色48个、蓝色32个、绿色64个），地基4个（去顶长方体：112 cm×7 cm×3 cm），儿童斜挎包16只（16 cm×20 cm，肩带长42 cm），圈4个（直径45 cm），平衡木2个（高20 cm），垫子2组，"宝石"（积木块：至少蓝色16个、黄色32个、绿色16个、红色32个），羊婆婆角色头饰，羊婆婆角色录音。

（3）场地准备：大于15 m×25 m的空旷场地，设置起点、森林里的宝石、羊婆婆处和建筑工地。

四、活动过程

（一）情境导入，热身活动

师：建筑师们，我们来到了建筑工地，一起去参观一下吧！

【教师和幼儿共同做热身运动，强调跑步的正确姿势。】

（二）回顾搭房子的方法，了解换取砖块的规则

1. 回忆搭建小猪家的过程。

师：建筑师们，还记得上次我们是怎么帮小猪盖房子的吗？

师：现在他们想盖一座安全屋，保护更多的小动物。你们愿意再帮他搭一个吗？

师：请看第一步（出示任务单图示1）。

师：我们应该怎么做？

【教师和幼儿共同解读任务单，并对任务单内容进行描述。】

师：你们记住了吗？

【幼儿游戏1次，教师和幼儿共同检验并调整。】

提示：根据幼儿的表现和完成情况，适当调整任务难度，增加砖块种类。

2. 砖块危机：按要求取得宝石和交换砖块。

师：瞧，这里是羊婆婆的砖厂，让我们问问羊婆婆，怎样才能得到那些砖块呢？

【播放羊婆婆录音：我最喜欢的是彩色宝石，我正在森林里找宝石呢，你们要是能帮我找到彩色宝石，我愿意用对应颜色的砖块和你交换。】

提示：可以邀请教师扮演羊婆婆的角色，增加游戏的趣味性和参与度。

师：你们听清楚了吗？怎样才能得到更多的砖块？

【教师和幼儿讨论。】

小结：我们要用彩色宝石去换对应颜色的砖块，这样才能搭好动物们的安全屋。

(三) 通过三次游戏，巩固跑的动作，完成安全屋搭建任务

1. 游戏一。

师：建筑师们，这次需要什么样的砖块？（出示任务单图示2）

师：那先要去找什么颜色的宝石？

师：你们记住了吗？

【幼儿游戏1次。】

提示：教师观察并引导幼儿用4个绿宝石与羊婆婆交换4块绿砖。

游戏结束时，播放大灰狼的声音，提醒幼儿快速完成任务回到安全线以内。

【教师和幼儿共同验证并调整。】

师：请你们去搭建安全屋吧！

【根据图示完成搭建。】

2. 游戏二。

师：建筑师们，这次需要什么样的砖块？（出示任务单图示3）

师：那先要去找什么颜色的宝石？

师：这次我们寻找宝石的路线上多了一些障碍物，跑的时候要绕过障碍哦！

【幼儿游戏1次。】

提示：教师观察并引导幼儿用1个黄宝石、3个红宝石与羊婆婆交换1块黄砖、3块红砖。

游戏结束时，播放大灰狼的声音，提醒幼儿快速完成任务回到安全线以内。

【教师和幼儿共同验证并调整。】

师：请你们去搭建安全屋吧！

【根据图示完成搭建。】

提示：教师关注幼儿任务执行顺序和砖块颜色、数量的准确性。

3. 游戏三。

师：这次要几个什么样的砖块？（出示任务单图示4）

师：那先要去找什么颜色的宝石？

师：你们记住了吗？

【幼儿游戏1次。】

提示：教师观察并引导幼儿用1个黄宝石、1个红宝石以及2个蓝宝石与羊婆婆交换1块黄砖、1块红砖和2块蓝砖。

【教师和幼儿共同验证并调整。】

师：请你们去搭建安全屋吧！

【教师引导幼儿总结经验，提高任务完成效率。】

游戏结束时，播放大灰狼的声音，提醒幼儿快速完成任务回到安全线以内。

（四）结束环节

放松活动。

师：建筑师们，动物们的安全屋终于搭建好了，大家辛苦了！现在，让我们一起放松放松身体，缓解一下疲劳吧！

【教师和幼儿一边放松，一边聊天回顾。】

【场地图示】

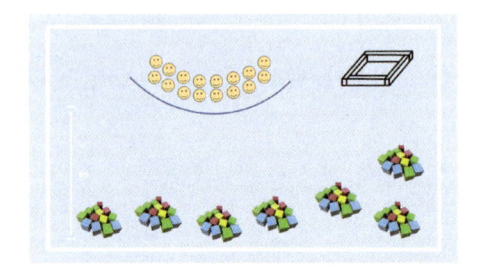

场地图示 1

场地图示 2

【任务单图示】

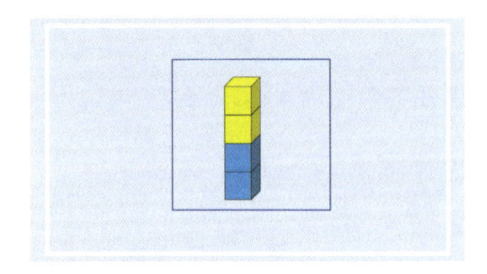

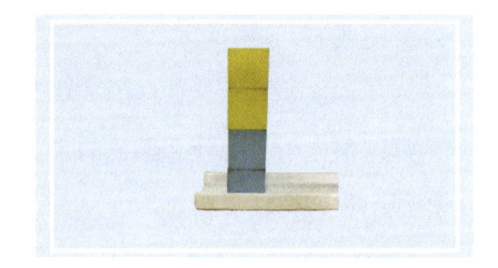

任务单图示 1

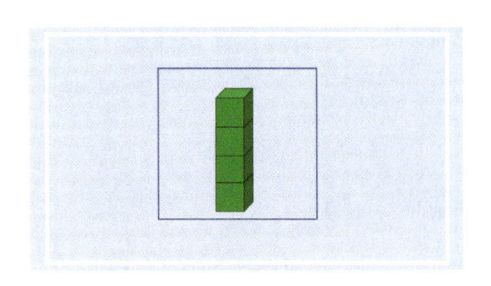

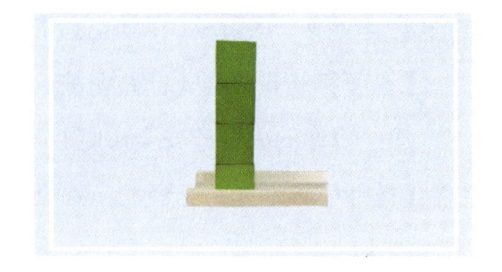

任务单图示 2

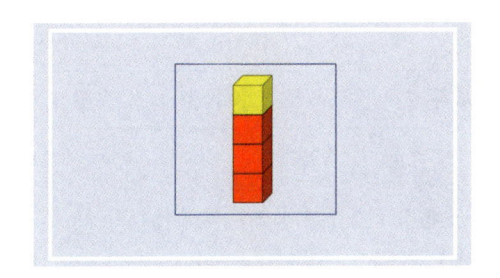

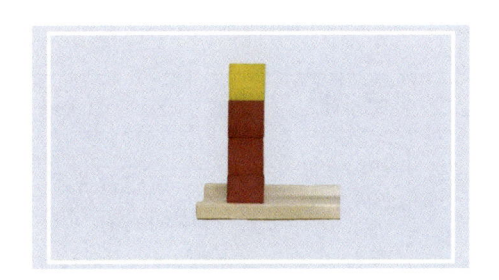

任务单图示 3

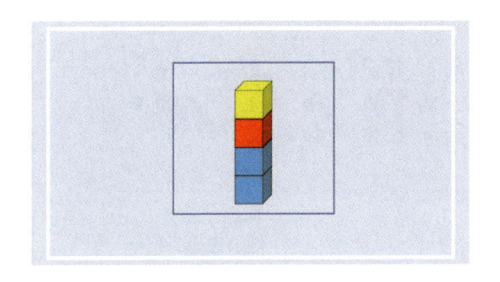

任务单图示 4

体育游戏观察量规

观察指标		水平 1	水平 2	水平 3	量化
动作发展	位移动作——跑	在成人提醒下，能进行四散跑的跑动形式。动作不标准，没有意识做跑的姿势	能进行四散跑的跑动形式。有意识地运用跑步姿势，但动作不标准	能进行四散跑的跑动形式。准备时，躯干正直稍前倾，眼看前方。跑动时，手臂反向摆动，两臂屈肘于两侧，两手半握拳，拳眼向上；双脚使劲蹬地向前跑，前脚掌—脚跟着地，从脚跟过渡到脚趾发力	

续表

观察指标		水平1	水平2	水平3	量化
脑智发展	记忆——空间记忆	能记住1个物体的特征（如颜色、大小等）	能记住2到3个物体的特征（如颜色、大小等）	能记住4个及以上物体的特征（如颜色、大小等）	
		能记住2个物体的先后顺序	能记住2到3个物体的先后顺序	能记住4个及以上物体的先后顺序	
	记忆——数字记忆	能记住1个物体	能记住2到3个物体	能记住4个及以上物体	
	记忆——规则理解	能记住规则中的重要信息	能完整记住规则中的信息，并在行动中有所体现	能完整记住多重复杂规则，并在行动中准确执行	
社会情感	观点采择	活动时不愿意接受同伴的意见和建议	活动时能尝试接受同伴的意见和建议	活动时愿意接受同伴的意见和建议	

上午晨间锻炼

阶段一【D1、D2】

【方法】

幼儿挑战进行运砖块的游戏任务，将建筑仓库里的砖块运送至建筑工地摆放整齐，尝试一次尽可能地多运砖块，同时不让砖块掉地。

阶段二【D3、D4、D5】

【方法】

幼儿挑战用独轮车进行运砖块的游戏任务，将建筑仓库里的砖块运送至建筑工地。

下午体育活动

阶段一【D1、D2、D3】

【内容】"小孩小孩真爱玩"

【方法】

教师用朗朗上口的儿歌发布幼儿游戏任务，"小孩小孩真爱玩，摸摸这，摸摸那，摸摸头发蹲下来"包含两个动作口令，幼儿听到口令后立即做出相应的动作。

阶段二【D4、D5】

【内容】"小孩小孩真爱玩"新编

【方法】

教师用朗朗上口的儿歌发布幼儿游戏任务，包含多个任务指令，例如"小孩小孩真爱玩，摸摸这，摸摸那，摸摸脚摸摸肩，摸摸小草跑回来"；或是发布颜色指令，例如"小孩小孩真爱玩，摸摸这，摸摸那，摸摸红色摸蓝色，摸完蓝色走回来"。幼儿听到口令后立即按照任务顺序做出相应的动作。

家庭亲子活动

【D1、D2】

1. 快速出击：一位家长在家中同时发布2—3个指令，如"拿纸巾、杯子"，另一位家长与幼儿同时出发寻找，先找到的一位获胜。同一个难度的游戏进行2—3次后可以适当调整游戏难度。

2. 爬楼梯：幼儿与家长轮流发布指令"上几级台阶"（5级以内），一边爬楼梯，一边数出对应数量的台阶数。

【D3、D4】

1. 快速出击：一位家长在家中发布指令，如"拿纸巾"，另一位家长蒙眼去"抓"幼儿形成干扰，幼儿成功完成指令则游戏结束，失败之后游戏重新开始。

2. 爬楼梯：幼儿与家长轮流发布指令"上几级台阶"或"下几级台阶"（5级以内），一边上（下）楼梯，一边数出对应数量的台阶数。

【D5、D6、D7】

1. 快速出击：一位家长在家中同时发布2—3个指令，如"拿纸巾、杯子"，另一位家长蒙眼去"抓"幼儿形成干扰，幼儿成功完成指令则游戏结束，失败之后游戏重新开始。

2. 爬楼梯：幼儿与家长轮流发布2个指令："上（下）几级台阶后下（上）几级台阶"（5级以内），一边上（下）楼梯，一边数出对应数量的台阶数。

小动物回家啦（第一课时）

记忆	✓	
专注	✓✓✓	基本动作能力：记住信号，向指定方向跑
反应	✓✓✓	
协调	✓✓	
创新		

一、活动目标

1. 明确自己的动物角色，能迅速安全地跑回家。

2. 能根据语音及图片信号内容及时做出反应并跑回家。

3. 积极参与游戏，快乐奔跑，体验快速反应后获得成功的喜悦。

二、重难点

活动重点：记住自己的角色，迅速反应信号内容，并根据信号内容完成任务。

活动难点：能准确地接收信号，辨识并记住信号内容。

三、活动准备

1. 经验准备：

（1）运动技能：能眼视前方，摆臂自然地跑动，速度中等且动作协调。

（2）游戏储备：认识常见的图标，如太阳、下雨及小动物头像等。

（3）经历储备：有玩过匹配游戏的经验。有过分组的经验，能根据相同角色的动物标记,知道自己的角色。

2.器材准备:动物的家3个(狗、猫、兔子),沙包若干,信号图片2个(太阳、下雨),食物图片3个(胡萝卜、骨头、小鱼),筐3个(25 cm×15 cm×12 cm)。

3.场地准备:一块空旷场地。

四、活动过程

(一)情景引入、热身活动

1.热身活动。

师:山羊老师想邀请你们去森林里玩,你们愿意吗?

师:我们一起先活动活动身体吧!

【以矮人走、高人走、快走、跑起来等方式边热身边熟悉场地位置。】

2.认识场地:幼儿自身角色和对应家的匹配。

(1)小动物们明确自己的角色和家的位置。

师:这是谁的家,谁住在这儿?

(2)在游戏中检验小动物和家是否对应正确。

幼儿分成猫、狗、兔子3组,每组4位小朋友。教师发布口令"回家喽",小动物们向自己家的方向跑去。

师:山羊老师给你们准备了沙包,想和它们做游戏吗?

【幼儿可用抛、扔、跳等方法自由玩沙包。】

师:在玩沙包的时候也要仔细听,当听到"回家喽"的时候,要迅速跑回自己的家,动物妈妈做好美食等你们啦!

(二)通过三种游戏,巩固看、听信号向指定方向跑

1.游戏一:听信号"出太阳啦、下雨啦"跑回家。(场地图示1)

师：小动物们吃饱了吗？吃饱了快出来继续玩游戏啦！

师：天气可能会发生变化，出太阳的时候我们可以在森林里玩耍，可是如果下雨了，我们就要快速回家避雨。

师：请小动物们在听到"出太阳啦"的信号时，在森林里自由游戏，听到"下雨啦"的信号时，迅速跑回自己的家里，千万不能跑错哦！准备好了吗？

提示：集中注意力，仔细听清老师的口令。

【游戏2次，两种信号各喊1次。】

师：第一个到家的小动物是谁？你是怎么做到的？

【请幼儿示范。】

提示：身体面向跑动目标，眼睛看着目标，再快速往目标跑。

【根据游戏情况，可增加游戏次数。】

小结：要想迅速跑回家，我们要在游戏时集中注意力，听到老师的信号时，立刻向自己的家跑去。

2. 游戏二：看信号图片"太阳、下雨"跑回家。（场地图示1）

师：你们认识老师手中的图片吗？

师：你们可以根据图片信号知道现在的天气吗？当举起"太阳"图片时可继续在森林里游戏，当举起"下雨"图片时就需要迅速跑回家。

师：小动物们，继续玩沙包啦，别忘了玩沙包的时候，也要注意观察哦！

【游戏2次，两种信号图片各举1次。】

师：刚刚你们跑回家时，路上出现了什么问题？

【引导幼儿主动讲述自己遇到的问题，比如反应慢了、碰撞了或者规则没掌握清楚等。】

师：我们可以怎么办？有什么好办法？

提示：在跑动中要集中注意力，如发现前方有同伴要停下或绕开。

【根据游戏情况，可增加游戏次数。】

小结：在游戏中，注意力要集中，这样不仅能迅速出发，还能注意避开同伴，帮助我们快速回家不淋到雨。

3. 游戏三：看专属食物图片，判断自己是否需要跑回家。（场地图示2）

师：小动物们，这里有好多美食，看看这是谁最爱吃的食物呀？

【分别举胡萝卜、骨头、小鱼图片，幼儿明确自己的专属食物。】

师：当看到食物的图片时，是谁爱吃的，谁就把食物送回家，再返回森林继续游戏。

【三种食物图片各举1次，幼儿知道三种食物的摆放位置，并把专属食物带回家。】

教师和幼儿共同检验，发现问题，引导幼儿进行调整。

提示：鼓励幼儿仔细观察图片信号。

师：把自己爱吃的食物都送回家了吗？有没有小动物遇到了问题？

【教师和幼儿讨论注意力不集中、位置跑错等发生的原因。】

小结：在活动中所有小动物都要集中注意力，不仅要准确判断自己是否要回家，还要快速跑回家。

（三）结束环节

师：今天小动物们都很开心，大部分的小动物都能完成任务，可真厉害！那我们一起放松放松吧！

【一边放松，一边聊天回顾。】

小结：当我们快跑的时候，不仅要记住跑的方向，眼睛还要观察周围，发现有障碍的时候要停下或绕开，避免发生冲撞。

【场地图示】

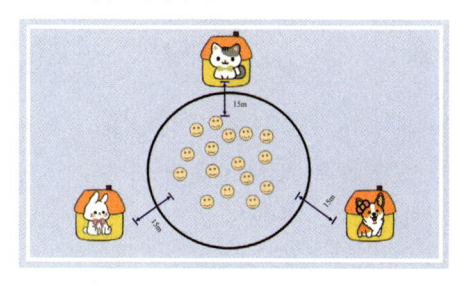

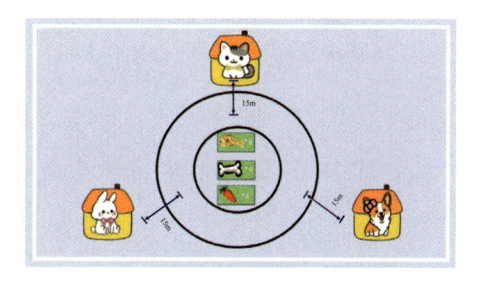

场地图示1　　　　　　　　　　场地图示2

体育游戏观察量规

观察指标		水平1	水平2	水平3	量化
动作发展	位移动作——跑	不能掌握听信号跑的动作要领	在成人提醒下，调整听信号跑的动作	游戏全程听信号跑的动作准确，能够掌握动作要领	
		准备时不专注，准备动作不正确	准备时能够认真准备，身体正直前倾，在提醒下目视目标处	准备时专注认真，躯干正直稍前倾，眼看前方	
		跑动时四肢不协调，成人示范指导无效	跑动时动作不正确，在指导下能够调整姿势	跑动时，手臂反向摆动，两臂屈肘于两侧，两手半握拳，拳眼向上；双脚使劲蹬地向前跑，前脚掌—脚跟着地，从脚跟过渡到脚趾发力	

续表

	观察指标	水平1	水平2	水平3	量化
脑智发展	记忆——指令记忆	能记住1句单一任务的指令	能记住2句复合任务的指令	能记住3句及以上复合任务的指令	
	记忆——指令理解	能理解单一简单指令	能理解2句复合指令	能理解3句及以上的复合指令	
	专注——目标搜索	能从同类型物体中快速检索出1个特定目标	能从同类型物体中快速检索出2个特定目标	能从同类型物体中快速检索出3个及以上特定目标	
	专注——理解指令	能听懂1句中等语速发布的指令，或在重复强调下能够听懂2—3句的连续指令	能听懂中等语速发布的2—3句连续指令，或偶尔需要重复	能听懂中等语速发布的3句以上连续指令，无须重复	
	专注——视听一致	能断断续续地将自己的视线聚焦到目标物体或人物身上，会出现跳跃性或错失目标的情况	能持续地将自己的视线跟随情节聚焦到目标物体或人物身上，但会错失部分目标	能根据教师描述的任务情节变化始终将视线追随目标物体或人物	

续表

观察指标		水平1	水平2	水平3	量化
脑智发展	反应——起止判断	对有清晰标志的开始和结束有一定的概念，存在抢先或迟滞等行为	能够理解任务的开始和结束，在教师的要求下能够克制抢先等冲动行为	能够理解任务的开始和结束，无抢先或迟滞等行为	
社会情感	冲动控制	不能适应与接受活动的改变	能在外界的引导下适应和接受活动的改变	能适应与接受活动的改变	

上午晨间锻炼

阶段一【D1、D2】

【方法】

幼儿挑战按照规定路线跑的任务，幼儿从起点出发，按照制定路线跑，并用手触碰打卡处的标志桶。

阶段二【D3、D4、D5】

【方法】

幼儿挑战"找宝藏"的游戏任务，尝试记住"藏宝图"的内容，在游戏场中依次寻找"宝藏"。

【场地图示：阶段一】

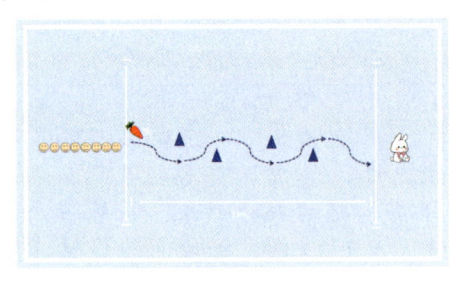

下午体育活动

阶段一【D1、D2、D3】

【内容】红黄蓝大闯关

【方法】

幼儿排成一队从起点出发，按照起点→红→黄→蓝的顺序直线行进。在行进的过程中，听到教师喊"红"，幼儿沿着路线跑到红色区域处站定；听到教师喊"蓝"，幼儿沿着路线跑到蓝色区域处站定。

阶段二【D4、D5】

【内容】游玩动物园

【方法】

幼儿听到教师喊"猴子"，立刻跑到猴子图形处站好；听到教师喊"大象"，立刻跑到大象图形处站好；听到"自行游玩"，跑到自己喜欢的动物图形处站好。

【场地图示：阶段一】

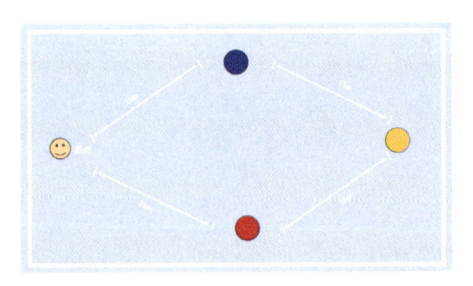

家庭亲子活动

【D1、D2】

1. 原地跑：幼儿听家长的拍手节奏调整原地跑步速度。拍得快，跑得快，拍得慢，跑得慢。

2. 小球小球快快跑：家长与幼儿面对面蹲下，传球接球。

【D3、D4】

1. 慢跑：家长当"火车头"，带领幼儿一起慢跑，跑 20 m，走 10 m，交替进行。

2. 小球小球快快跑：两位家长与幼儿形成三角形蹲下，用手传球接球，可一边传一边用语言描述，如妈妈把球传给宝宝。

【D5、D6、D7】

1. 折返跑：家长将沙包抛出去，幼儿跑过去捡起再跑回来。（家长注意控制扔物的距离）

2. 小球小球快快跑：两位家长与幼儿形成三角形蹲下，手口不一传球接球，如口中描述妈妈把球传给宝宝实则传给爸爸。

小动物回家啦（第二课时）

记忆	✓	
专注	✓✓✓✓	基本动作能力：记住信号，向指定方向跑
反应	✓✓✓	
协调	✓✓	
创新		

一、活动目标

1. 在游戏中仔细观察图片信号，寻找专属食物并迅速带回家。

2. 能迅速地对图片信号内容做出反应，并将正确数量的专属食物带回家。

3. 在游戏中快乐奔跑，获得动脑思考后准确完成任务的成就感。

二、重难点

活动重点：准确接收信号，辨识并记住信号内容。

活动难点：观察并记住多个图片信号，准确完成相应任务。

三、活动准备

1. 经验准备：

（1）运动技能：能眼视前方，摆臂自然地跑动，速度中等且动作协调，会避让同伴。

（2）知识储备：认识常见的小动物及其专属食物。会三以内的点数，能按数取物。

（3）经历储备：有玩过匹配游戏的经验。有过分组的经验，能根据相同颜色的分队服及动物图片,明确自己的角色。

2. 器材准备:分别贴上相应动物的4种颜色分队服各4件(红色表示小猫,黄色表示小狗,蓝色表示小兔,绿色表示小马),4种小动物的家(小猫、小狗、小兔、小马),沙包16个,动物卡(小猫、小狗、小兔、小马),专属食物卡(鱼、骨头、胡萝卜、草),点数卡(1、2、3)。

3. 场地准备:一块30 m×30 m的空旷场地。

四、活动过程

(一)情景引入,热身活动

师:今天天气真好,小动物们还想跟着山羊老师一起去森林里玩吗?

师:我们一起先活动活动身体吧!

【教师和幼儿以变速跑等方式进行热身活动。】

(二)通过三种游戏,巩固看信号向指定方向跑,提高辨识信息的能力

1. 游戏一:观察动物图片信号,判断自己是否需要跑回家。(场地图示1)

师:山羊老师给你们准备了许多沙包,你们想玩吗?

师:但是动物妈妈准备好午餐就会喊你们回去吃饭,所以在玩沙包时,要注意看图片信号,是哪种小动物,对应的小动物就要回家。

【教师和幼儿回顾规则,如举小狗图片就是小狗回家,举小兔图片就是小兔回家……】

师:小动物们,快去玩沙包吧!

【幼儿可用抛、扔、跳等方法自由玩沙包。】

【游戏4次,4种动物图片各举1次。】

提示:集中注意力,仔细观察图片信号内容。

师:小动物们,吃饱了吗?吃饱了的话就快到我这里来呀!

师:刚才有小动物跑错了,是什么原因呢?

【教师和幼儿共同总结游戏中的问题，比如跑错家了、反应慢了、碰撞了或者规则没掌握清楚等。】

提示：在跑动中要集中注意力，如发现前方有同伴要停下或绕开。

【根据游戏情况，可增加游戏次数。】

小结：我们不仅要记住自己是什么小动物，还要注意观察图片信号内容，举到自己才可以跑回自己家。

2. 游戏二：观察动物图片信号，找到专属食物并带回家。（场地图示2）

师：我们的场地发生了一些变化，这里有好多我们爱吃的食物，动物妈妈想让你们带上最爱吃的食物回家，你们能做到吗？

师：玩游戏时，要注意看我手上的图片信号，举到哪种小动物，他们就要迅速找到爱吃的食物并带回家。

【教师和幼儿回顾规则，如举小狗图片就是小狗要找到爱吃的骨头带回家，举小兔图片就是小兔要找到爱吃的胡萝卜带回家……】

师：小动物们，一起玩沙包吧！

【幼儿可用抛、扔、跳等方法自由玩沙包。】

【游戏4次，4种动物图片各举1次。】

提示：集中注意力，仔细观察图片信号内容，辨识并快速反应，找到专属食物。

师：你们都将自己爱吃的食物带回家了吗？

师：我发现这只小马不仅回家的速度最快，而且带回了最爱吃的青草，你是怎么做到的？

【请幼儿示范。】

师：在这次的游戏中，你们还遇到了什么问题？

【引导幼儿主动讲述自己遇到的问题，比如反应慢了、碰撞了或者规则没掌握清楚等。】

【根据游戏情况，可增加游戏次数。】

小结：我们不仅要记住自己是什么小动物，还要观察图片信号内容，举到自己才可以去找爱吃的食物带回家，如发现前方有同伴要停下或绕开。

3.游戏三：观察动物图片信号，找到准确数量的专属食物并带回家。（场地图示2）

师：我们要增加游戏难度了，你们愿意挑战吗？

师：在游戏的时候，要注意图片信号，但是不仅有动物图片，还有食物的数量，举到哪种小动物，这种小动物就要迅速找到他爱吃的食物，如果是一个点，就带一个食物回家，如果是两个点，就带两个食物回家。

【教师和幼儿回顾规则，如举小狗图片和两个点就是小狗要带两个骨头回家。】

师：小动物们，一起玩沙包吧！

【幼儿可用抛、扔、跳等方法自由玩沙包。】

【游戏4次，4种动物图片和随机数量卡（1、2、3）各举1次。】

提示：集中注意力，仔细观察图片信号内容，准确找到相应数量的专属食物。

师：这只小马不仅速度快，也带回了爱吃的草，我们帮他数一数他带回了多少草。

师：有小动物拿错食物了，有什么好方法帮帮他。

【引导幼儿主动讲述自己遇到的问题，比如数量错了、碰撞了或者规则没掌握清楚等。】

【根据游戏情况，可增加游戏次数。】

小结：仔细观察图片信号内容，举到自己才可以去找爱吃的食物，还要数清楚食物的数量，再带回家。

(三) 结束环节

师：小动物们，你们今天的表现可真棒，都挑战成功啦，都能准确地将食物带回家。接下来，我们一起放松一下吧！

【一边放松，一边聊天回顾。】

小结：当我们看见图片信号时要仔细观察信号内容，找到爱吃的食物并数清数量，在跑回家的路上如发现障碍要停下或绕开，避免发生冲撞。

【场地图示】

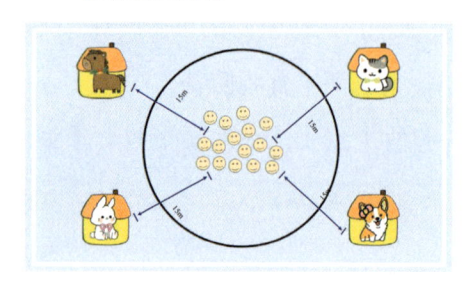

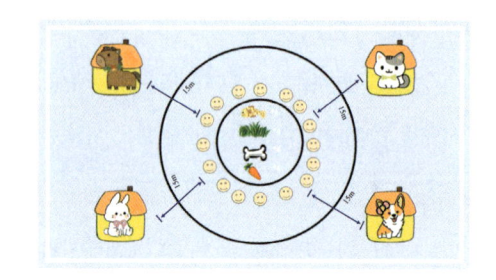

场地图示1　　　　　　　　　　　场地图示2

体育游戏观察量规

观察指标		水平1	水平2	水平3	量化
动作发展	位移动作——跑	不能掌握听信号跑的动作要领	在成人提醒下，调整听信号跑的动作	游戏全程听信号跑的动作准确，能够掌握动作要领	
		准备时不专注，准备动作不正确	准备时能够认真准备，身体正直前倾，在提醒下目视目标处	准备时专注认真，躯干正直稍前倾，眼看前方	

续表

观察指标		水平1	水平2	水平3	量化
动作发展	位移动作——跑	跑动时四肢不协调，成人示范指导无效	跑动时动作不正确，在指导下能够调整姿势	跑动时，手臂反向摆动两臂屈肘于两侧，两手半握拳，拳眼向上；双脚使劲蹬地向前跑，前脚掌—脚跟着地，从脚跟过渡到脚趾发力	
脑智发展	记忆——指令记忆	能记住1句单一任务的指令	能记住2句复合任务的指令	能记住3句及以上复合任务的指令	
	记忆——指令理解	能理解单一简单指令	能理解2句复合指令	能理解3句及以上的复合指令	
	专注——目标搜索	能从同类型物体中快速检索出1个特定目标	能从同类型物体中快速检索出2个特定目标	能从同类型物体中快速检索出3个及以上特定目标	
	专注——理解指令	能听懂1句中等语速发布的指令，或在重复强调下能够听懂2—3句的连续指令	能听懂中等语速发布的2—3句连续指令，或偶尔需要重复	能听懂中等语速发布的3句以上连续指令，无须重复	

续表

观察指标		水平1	水平2	水平3	量化
脑智发展	专注——视听一致	能断断续续地将自己的视线聚焦到目标物体或人物身上，会出现跳跃性或错失目标的情况	能持续将自己的视线跟随情节变化聚焦到目标物体或人物身上，但会错失部分目标	能根据教师描述的任务情节变化始终将视线追随目标物体或人物	
	反应——属性判断	能判断目标大小、颜色、形状等1—2个特征	能根据任务要求对当前目标进行判断，偶尔在目标大小、颜色、形状等特征上出现部分错误	能根据任务要求对当前目标进行准确判断	
	反应——起止判断	对有清晰标志的开始和结束有一定的概念，存在抢先或迟滞等行为	能够理解任务的开始和结束，在教师的要求下能够克制抢先等冲动行为	能够理解任务的开始和结束，无抢先或迟滞等行为	
社会情感	冲动控制	不能适应与接受活动上的改变	能在外界的引导下适应和接受活动上的改变	能适应与接受活动上的改变	

上午晨间锻炼

阶段一【D1、D2】

【方法】

两名幼儿一组，教师随机举起动物图片，幼儿根据图片内容，从起点出发按照规定路线跑进相应动物的家。

阶段二【D3、D4、D5】

【方法】

幼儿随机抽取物品图片，从大筐中找到相应物品，从起点出发，按照规定路线跑，到达终点后将物品放置于终点筐内，并用手触碰打卡处的标志桶则挑战完成。

【场地图示：阶段二】

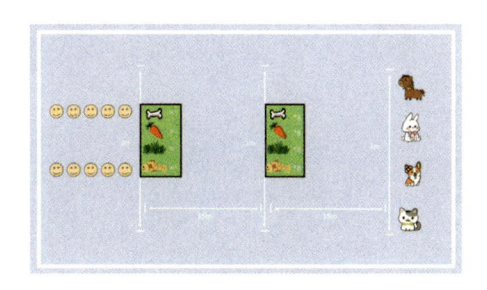

下午体育活动

阶段一【D1、D2、D3】

【内容】动物动物真爱玩

【方法】

幼儿随机贴上动物身份的标记（熊猫、黑熊、蜜蜂、水牛），清楚自己扮演的小动物，根据儿歌内容做出相应的动作。

儿歌1：动物动物真爱玩，摸摸这儿，摸摸那儿，熊猫跳十下再转一圈。

儿歌2：动物动物真爱玩，摸摸这儿，摸摸那儿，黑熊摸摸头再原地跑。（儿歌内容可根据幼儿园环境进行创编，如摸摸哪里，跑回来等）

阶段二【D4、D5】

【内容】按数取物

【方法】

幼儿随机抽取点数图片，从起点出发，按照规定路线跑，到达终点，按照点数取得相应数量的物品后，再直线返回至起点处，任务完成。

【场地图示：阶段二】

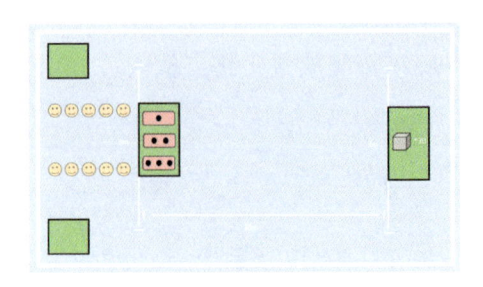

家庭亲子活动

【D1、D2】

1. 原地跑步：幼儿听家长的拍手节奏调整原地跑步速度。拍得快，跑得快，拍得慢，跑得慢。每组练习10—15 s，中间休息30 s，每天5组。

2. 按数原地纵跳：家长将手高高举起，报出需要击掌的数量，小朋友跳起来，与家长击掌，完成对应数量，家长手可以放在离地130 cm、150 cm、165 cm处（可根据幼儿跳起的高度自行调节）。

【D3、D4】

1. 慢跑：家长当"火车头"，带领幼儿一起慢跑，跑20 m，走10 m，交替进行。

2. 足球游戏：家长和幼儿分别将足球大力踢出，看谁踢得远，并直线跑将足球迅速抱回至起点。

【D5、D6、D7】

1. 专注力游戏：

（1）听到水果请拍手。家长报出各种物品，听到水果时，幼儿拍手。

（2）听到运动请拍腿。家长报出各种活动，听到运动时，幼儿拍腿。

2. 专注力游戏：集点点。家长在一张 A4 纸上画上若干的点，当家长说 2 的时候，幼儿就将 2 个点圈在一起；当家长说 3 的时候，幼儿就将 3 个点圈在一起。

汪汪队出击（第一课时）

记忆	✓	
专注	✓✓	
反应	✓✓✓	基本动作能力：投掷
协调	✓✓	
创新		

一、活动目标

1. 在拯救小动物的游戏中，尝试根据图片及实物信息，判断投掷目标位置及范围，并完成挑战。

2. 能双脚站稳，用手抓握住沙包向前投出一定距离。

3. 愿意和同伴一起参与拯救任务，能适应任务的变化，感受获得成功的喜悦。

二、重难点

活动重点：能依据信号快速进行判断，向前投掷正确的物体。

活动难点：判断所需物体的颜色、位置，进行投掷任务，可以投出一定距离。

三、活动准备

1. 经验准备：

（1）运动技能准备：幼儿有向前投掷的经验，具备基本抓握能力。

（2）知识储备（游戏准备）：认识常见的颜色，如红、黄、蓝、绿、橙、紫，初步了解小动物爱吃的食物，如小兔爱吃胡萝卜，小猴爱吃香蕉。

（3）经历（生活方面）：幼儿知道汪汪队动画内容，了解汪汪队是帮助大家解决困难的组织，知道常见动物的外形特征。故事情境：教师是汪汪队队长，幼儿是汪汪队队员，小动物们的食物被恶龙抢走了，他们向我们发出求救信号，需要我们帮忙打倒恶龙并拿回食物。

2. 器材准备：汪汪队胸牌12个，恶龙图片2个，动物人偶服（长颈鹿、小兔子、小猴子、小猫等各1件），各色沙包24个（每个70 g），自制沙包（蓝色鱼图案、橙色胡萝卜图案、绿色叶子图案、黄色香蕉图案各24个，每个70 g），塑料收纳筐20个，颜色卡4个，标志碟24个，怪兽声音音频。

3. 场地准备：大于15 m×20 m的活动场地。

四、活动过程

（一）情景引入，热身活动

师：汪汪队的队员们，跟着队长一起动起来吧！

【热身操：强调投掷动作。】

（二）通过三种游戏，巩固向前投掷的能力，提高反应力

师：接到新任务，恶龙抢走了小动物们过冬的食物，现在需要我们打败恶龙拿回食物，大家有信心吗？

1. 游戏一：打倒大恶龙——看颜色投能量石（沙包）。（场地图示1）

（1）自由投掷能量石打败恶龙。

师：队员们，我们怎么打败恶龙呢？

【引导幼儿发现周围的能量石。】

师：队员们，用你们自己的方法试一试吧。

师：你是用什么方法打败恶龙的？

【幼儿探索投掷方法，用能量石打败恶龙。】

（2）观察颜色卡快速找到对应颜色的能量石。

【播放恶龙语音1：你们就这点本事吗，你们投石头的力量太弱了，就像给我挠痒痒一样，我还好着呢。】

师：原来我们刚才投掷能量石的力量还不够，这次需要听哨声看颜色卡，快速找到并拿取与颜色卡颜色相同的能量石，返回安全线上，再次听到哨声后，用力投向恶龙。队员们，准备好了吗？

【游戏4次，各种颜色卡各举1次。】

师：我发现你的能量石砸中了恶龙，说一说你的方法。

【请幼儿示范。】

提示：身体面向投掷目标，眼睛仔细看颜色卡，听到信号快速投掷。

小结：要想打败恶龙，我们要将手臂抬高，挥动手臂，用合适的力量向前投出。

【再次游戏，关注投掷动作。】

【播放恶龙语音2：哎呀，好晕呀。"嘭"！（倒地的声音）】

小结：要想投准能量石就需要仔细看图并听信号，快速找到对应的能量石，确认颜色和图片一致并投向恶龙，才有一定能量打倒他。

2. 游戏二：换取食物——巩固投掷技能。（场地图示2）

师：恶龙还请了粮仓管理员（小恶龙）帮他管理食物，我们需要用更多的能量石把他打倒，取出食物。请选择你喜欢的能量石砸向小恶龙吧！

师：你们不仅成功将粮仓大门打开，还拿到了食物，快和我一起将小动物们的粮食运回动物乐园吧。

3. 游戏三：看专属食物投喂动物。（场地图示3）

师：队员们，小动物们太饿了，请你找到他们喜欢的食物后并投喂。

【幼儿明确不同动物的专属食物并投喂。】

师：小动物们吃饱了，你们是怎么喂饱他们的？

【请幼儿示范。】

提示：引导幼儿站稳后，用力挥动手臂将沙包投远。

【根据游戏情况，可增加投喂对象。】

小结：在喂食物的过程中，注意力一定要集中，看清楚小动物再去寻找对应食物，用力挥动手臂把食物投出去，这样才能拯救饥饿的小动物。

（三）结束环节

师：队员们，今天你们打败了恶龙，帮助了其他小动物，太了不起啦！我们一起放松放松吧！

【一边放松，一边聊天回顾。】

师：还有更多的任务等着我们，一起期待下次的任务吧！

【场地图示】

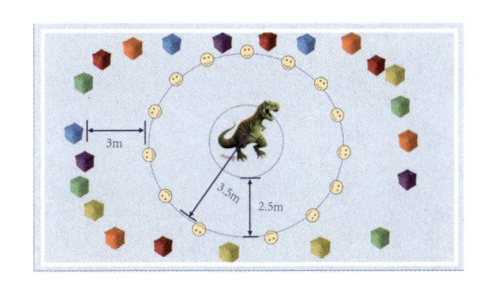

场地图示1

场地图示2

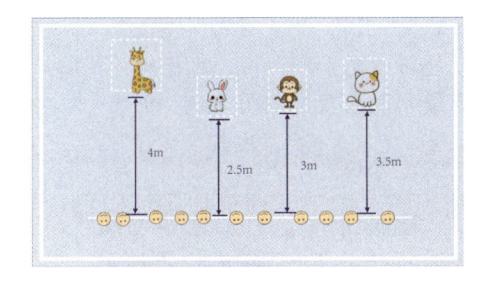

场地图示3

体育游戏观察量规

观察指标		水平1	水平2	水平3	量化
动作发展	操作性动作——投掷	能单手将沙包向前投掷2米左右,但动作不规范	能单手将沙包向前投掷3—4米。基本能运用手臂向下后方挥,分层次、从下至上的身体扭转的方法	能单手将沙包向前投掷5米左右。手臂向下后方挥,分层次、从下至上将身体扭转,动作协调	
脑智发展	反应——属性判断	能判断目标大小、颜色、形状等1—2个特征	能根据任务要求对当前目标进行判断,偶尔在目标大小、颜色、形状等特征上出现部分错误	能根据任务要求对当前目标进行准确判断	
脑智发展	反应——空间判断	能判断1—2个目标的数量、位置、线路及范围,可能对线路和范围判断出现偏差	能判断3—5个目标的数量、位置、线路及范围,可能对范围判断出现偏差	能精准判断目标的数量、位置、线路及范围	
脑智发展	反应——起止判断	对有清晰标志的开始和结束有一定的概念,存在抢先或迟滞等行为	能够理解任务的开始和结束,在教师的要求下能够克制抢先等冲动行为	能够理解任务的开始和结束,无抢先或迟滞等行为	

续表

观察指标		水平1	水平2	水平3	量化
脑智发展	反应——规则理解	能记住规则中的重要信息	能完整记住规则中的信息，并在行动中有所体现	能完整记住多重复杂规则，并在行动中准确执行	
社会情感	自我效能感	能在成人的引导下承担任务，并在帮助下完成	主动承担任务，遇到困难能寻求帮助并坚持完成	主动承担任务，遇到困难能够坚持而不轻易求助	
	冲动控制	不能适应与接受活动上的改变	能在外界的引导下适应和接受活动上的改变	能适应与接受活动上的改变	
	自我激励	不能开展活动	能在成人的激励下开展活动，肯定自己	主动寻求并开展活动，有自豪感	
	人际关系建立与维持	能有礼貌地与人交往	能有礼貌地与人交往，注意到别人的情绪	能有礼貌地与人交往，能注意到别人的情绪，并有关心、体贴的表现	

上午晨间锻炼

阶段一【D1、D2】

【方法】

听到教师开始信号后,"小投手"们分别找空旷的地方,双手用力将沙包向前方抛出,重复进行。

阶段二【D3、D4、D5】

【方法】

幼儿自由进行投掷游戏,看到教师出示图片,挑战看图片提示快速反应拿取相应颜色的能量石向前投掷恶龙,看谁先成功完成任务。

【场地图示:阶段二】

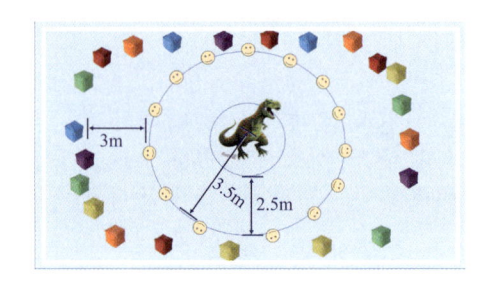

下午体育活动

阶段一【D1、D2、D3】

【内容】保卫城墙

【方法】

用体操垫组成 3 道"城墙"(距离投掷线 2.5 m、3 m、3.5 m)。教师将沙包放在幼儿身后,幼儿将沙包向前上方投掷到"城墙"的另一边,投完一个后,转身拾沙包再次进行投掷,多次尝试向不同距离的"城墙"投掷。(场地图示 1)

阶段二【D4、D5】

【内容】攻城游戏

【方法】

用体操垫（高 60 cm）设置一排不同距离的"城墙"，再设置距"城墙"2.5 m、3.5 m、4 m 的投掷线。幼儿自由选择距离，看到教师出示图片，挑战看图片提示快速反应拿取相应颜色的沙包站在"城墙"投掷线后，向区域投掷。游戏完成后可根据幼儿情况调整"城墙"距离再次进行游戏。（场地图示 2）

【场地图示】

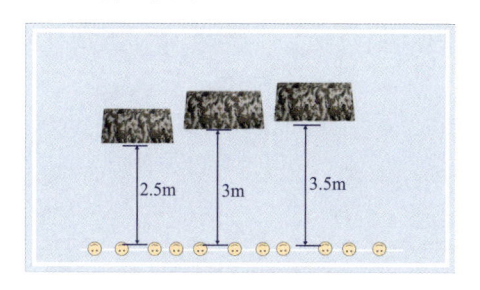

场地图示 1

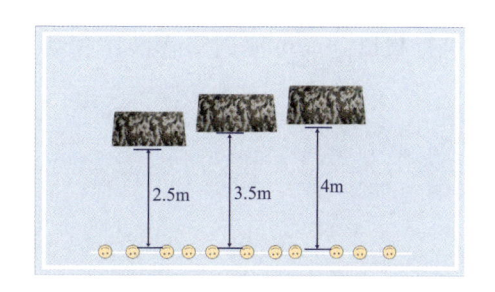

场地图示 2

家庭亲子活动

【D1、D2】

1. 沙包投掷：准备沙包，或者用豆子、大米临时制作，然后摆放呼啦圈围一块区域或者在地板上用物品隔一块区域，家长和幼儿在一定距离外，将沙包向规定的区域里投掷。

2. 增加难度：增加距离，再次进行投掷。

【D3、D4】

1. 你投我接：准备一些纸球或者小的毛绒玩具，家长与幼儿间距 1—3 m（可根据实际操作和幼儿能力调节距离），家长和幼儿面对面，家长喊口令

"1、2、3，扔"，将物品投出，幼儿快速反应用盆接住。家长和幼儿交换角色，再次进行游戏。

2. 增加难度：家长调整投玩具的高度和距离（可根据实际操作和幼儿能力进行调节），幼儿用盆接住。

【D5、D6、D7】

1. 空中投掷：准备一些圈、小的毛绒玩具或小球，家长与幼儿间距 1—2 m（可根据实际操作和幼儿能力调节距离），家长和幼儿面对面，家长手拿圈摆放在空中任意高度和位置，幼儿快速反应圈的位置，将物品投入圈中。

2. 增加难度：家长将圈向空中扔出一定高度，幼儿快速反应圈的位置并进行投掷。（可根据实际操作和幼儿能力进行调节）

汪汪队出击（第二课时）

记忆	✓	
专注	✓✓	
反应	✓✓✓	基本动作能力：投掷
协调	✓✓	
创新		

一、活动目标

1. 在小勇士游戏中，能根据信号快速判断，将沙包投至目标位置。

2. 能够在训练营的任务中，增强手臂力量，将物品投高投远，提高感知力和判断力。

3. 在互相鼓励下，尝试独立完成各项挑战，展现自信。

二、重难点

活动重点：不断更换目标物，快速做出反应，向前投掷。

活动难点：观察移动目标物，运用投掷动作，提高反应速度。

三、活动准备

1. 经验准备：

（1）运动技能准备：幼儿有第一课时拯救小动物的任务经验，并有向前投掷的能力。

（2）知识储备（游戏准备）：认识常见的颜色，如红、蓝等。

（3）经历（生活方面）：有过分组的经验，能根据相同颜色的分队服，知道自己的小组。

2.器材准备：分队服（红、蓝各8件），沙包50个（每个100 g），各色三角标志桶（红50 cm、黄50 cm、蓝35 cm、绿35 cm），各色圆形信号牌（红、黄、蓝、绿），塑料收纳筐4个（长70 cm、宽60 cm、高50 cm）。

3.场地准备：2块15 m×15 m的空旷场地。

四、活动过程

（一）情景引入、热身活动

师：队员们，上一次我们打败恶龙拿到了食物，拯救了小动物，他们非常感谢你们。这次我们需要通过挑战获得勇士勋章，才能成为真正的守护者，你们愿意接受挑战吗？

师：我们一起先活动活动身体吧！

【热身操：强调投掷动作。】

（二）通过两种游戏，巩固投高、投远的能力，提升反应力

1.游戏一：击桶大挑战 看信号投沙包。（场地图示1）

师：队员们请站在线上准备。

师：第一个挑战，仔细听哨声看信号，并将手里的沙包快速投向相应颜色的标志桶。

【游戏4次，各种颜色信号牌各举1次。】

提示：集中注意力，根据信号，快速做出判断。

【引导幼儿主动讲述自己遇到的问题，比如没有投到、距离过长或者规则没掌握清楚等。】

师：我们可以怎么办？有什么好办法？

提示：快速判断目标位置，控制投掷手臂力量，投向目标。

【根据游戏情况，增加游戏次数。】

师：小队员们非常地有力量，完成了击桶大挑战，给自己鼓鼓掌！

2. 游戏二：投掷大比拼。（场地图示2）

师：恭喜队员们完成了第一个挑战，想获得勇士勋章，还需要继续接受挑战！

师：请与和你背心颜色一样的小朋友站一起。

师：仔细听游戏规则，当音乐响起，我们要将自己面前的沙包投向对方，音乐结束，游戏结束，面前沙包少者获胜。

【游戏1次，幼儿分别站在A区或B区中，听哨声，让沙包越过一定高度投向对方。】

师：我们一起数一数谁面前的沙包少。

【教师和幼儿讨论：沙包数量多的原因。】

小结：在投掷大比拼的过程中，我们用力将沙包投远投高。

【游戏2—3次，同时根据幼儿游戏情况，可增加游戏次数，也可调整网的高度。】

（三）结束环节

师：你们通过努力，获得了勇士勋章，真是太厉害了，我们一起放松一下手臂吧！

【一边放松，一边聊天回顾。】

【场地图示】

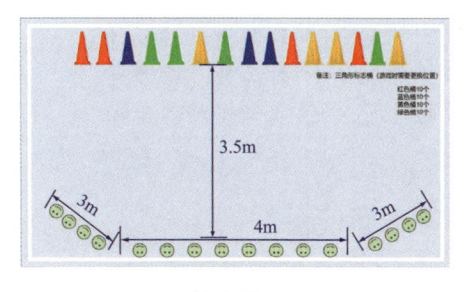

| 场地图示1 | 场地图示2 |

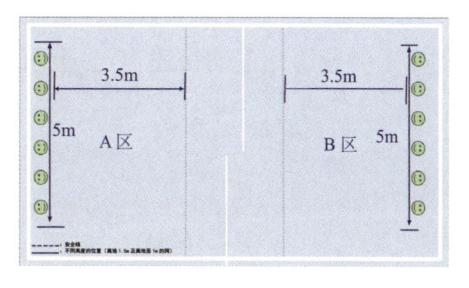

体育游戏观察量规

观察指标		水平1	水平2	水平3	量化
动作发展	操作性动作——投掷	能单手将沙包向前投掷2米左右，但动作不规范	能单手将沙包向前投掷3—4米。基本能运用手臂向下后方挥，分层次、从下至上的身体扭转的方法	能单手将沙包向前投掷5米左右。手臂向下后方挥，分层次、从下至上将身体扭转，动作协调	
脑智发展	反应——空间判断	能判断1—2个目标的数量、位置、线路及范围，可能对线路和范围判断出现偏差	能判断3—5个目标的数量、位置、线路及范围，可能对范围判断出现偏差	能精准判断目标的数量、位置、线路及范围	
	反应——时间判断	能理解3次（秒）倒计时等计时工具，缺乏紧迫感	在有时长限制的任务中能够理解倒计时等计时工具，但无法有效安排时间	在有时长限制的任务中能够理解倒计时等计时工具，能够有效安排时间并完成任务	

续表

观察指标		水平1	水平2	水平3	量化
脑智发展	反应——起止判断	对有清晰标志的开始和结束有一定的概念，存在抢先或迟滞等行为	能够理解任务的开始和结束，在教师的要求下能够克制抢先等冲动行为	能够理解任务的开始和结束，无抢先或迟滞等行为	
	反应——规则理解	能记住规则中的重要信息	能完整记住规则中的信息，并在行动中有所体现	能完整记住多重复杂规则，并在行动中准确执行	
社会情感	自我效能感	能在成人的引导下承担任务，并在帮助下完成	主动承担任务，遇到困难能寻求帮助并坚持完成	主动承担任务，遇到困难能够坚持而不轻易求助	
	冲动控制	不能适应与接受活动上的改变	能在外界的引导下适应与接受活动上的改变	能适应与接受活动上的改变	
	自我激励	不能开展活动	能在成人的激励下开展活动，肯定自己	主动寻求并开展活动，有自豪感	

续表

观察指标		水平1	水平2	水平3	量化
社会情感	人际关系建立与维持	能有礼貌地与人交往	能有礼貌地与人交往，注意到别人的情绪	能有礼貌地与人交往，能注意到别人的情绪，并有关心、体贴的表现	

上午晨间锻炼

阶段一【D1、D2、D3】

【方法】

幼儿挑战投掷掷准练习标杆，在起点处摆放若干掷准练习标杆并创设小怪兽的情境。幼儿站在起点线后，将小怪兽掷倒，直至所有掷准练习标杆投完。

阶段二【D4、D5】

【方法】

幼儿挑战将有一定重量的沙包向前投掷，听信号、做判断，投向相应的小怪兽，击中者获胜。

【场地图示】

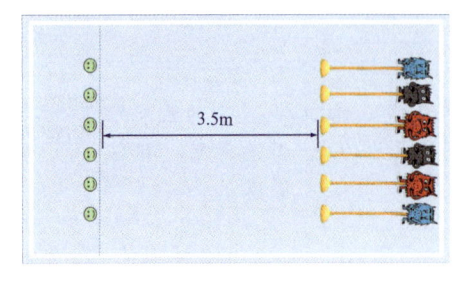

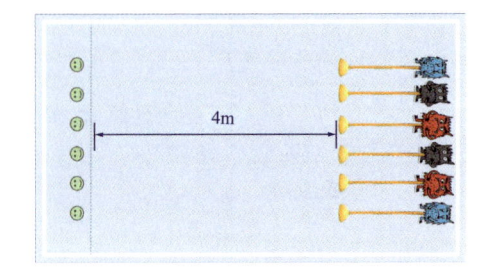

场地图示1

场地图示2

下午体育活动

阶段一【D1、D2、D3】

【内容】动物饲养员

【方法】

在户外场地，设置3个投球框，并将动物头饰贴在投球框顶部，在距离3—4 m处设置一条起始线，并在起始线处放置3个装有相同重量沙包（40g）的筐，幼儿听信号，做出判断，将"食物"（沙包）投喂给不同的小动物。（场地图示1）

阶段二【D4、D5】

【内容】"老狼老狼几点了"新编

【方法】

教师用朗朗上口的儿歌发布幼儿游戏任务，包含多个任务指令，当教师（老狼）说到"2点、4点、6点、8点、10点"时，幼儿可站在距离"老狼"2—4 m的指定线处进行投掷，直到"老狼"被击中。若"老狼"说出其余时间点，则幼儿无法投掷，当"老狼"说出"12点啦，开饭啦"，幼儿则需迅速返回各个家中，游戏结束。（场地图示2）

【场地图示】

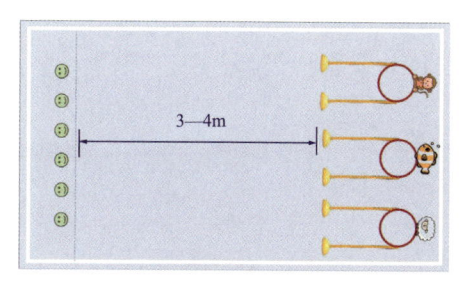

场地图示1 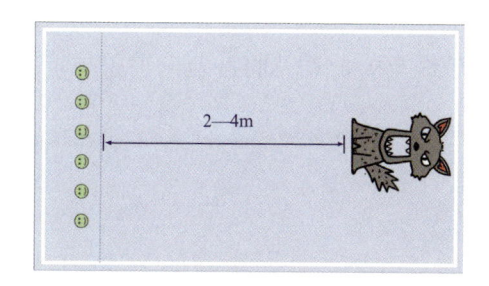   场地图示2

家庭亲子活动

【D1、D2】

1. 原地向上抛：幼儿手持不同重量、形状、体积的物品，如纸球、枕头、纸巾、海洋球等，用力向上抛。家长帮助幼儿计时，每组30 s，中间休息30 s，每天5组。

2. 原地向上抛接：幼儿手持不同重量、形状、体积的物品，用合适的力量向上抛，并快速将物品接住。家长帮助幼儿计数，过程中也可适当增加物品的重量或体积，掌控游戏难度。

【D3、D4】

1. 原地向前投掷：幼儿手持软质物品，用力向墙投掷，家长掌控游戏难度，游戏过程中可加大、加重投掷物，或增加投掷距离。

2. 慢走：幼儿根据家长的口令进行行走练习，如"高人走"（直腰走），"矮人走"（蹲下来走，手扶膝盖）。

【D5、D6、D7】

1. 沙包投掷：准备沙包，或者用豆子、大米制作一个小袋子，然后摆放呼啦圈圈出一块区域或者在地板上用物品隔出一块区域，家长和幼儿在一定距离外将沙包投掷进规定的区域里。

2. 螃蟹躲避：家长与幼儿间距1—3米（可根据实际操作和幼儿能力调节距离），幼儿将沙包向前投掷，家长左右移动躲避沙包。

虫虫特工队（第一课时）

记忆	✓✓	
专注	✓✓	基本动作能力：手膝爬
反应	✓	
协调	✓✓✓✓	
创新		

一、活动目标

1. 掌握手膝爬的动作要领，能连续爬 5 米左右的路线。

2. 能够小腿着地，小臂朝前，灵活地沿着路线爬行，提升四肢的协调性。

3. 游戏中体验成功的喜悦，增强自信心和情绪管理能力。

二、重难点

活动重点：游戏中能用小腿着地、小臂朝前的爬行动作贯穿游戏，完成游戏任务。

活动难点：能以手膝着地的爬行动作通过系列障碍。

三、活动准备

1. 经验准备：

（1）运动技能准备：幼儿有过爬的经验，具备基本的操作能力。

（2）知识储备（游戏储备）：了解玉米、南瓜、西红柿、胡萝卜的外形特征，能根据图片拿取物体。

2. 器材准备：体操垫 4 块（2 m×0.5 m），垫子 16 块（3 m×1 m），蚂

蚁头饰若干，玉米、南瓜、西红柿、胡萝卜图片各 24 个。

3. 场地准备：10 m×15 m 的空旷场地。

四、活动过程

（一）情景引入，热身活动

师：小蚂蚁们，冬天马上就要到了，我们今天要一起来准备过冬的食物啦。在运粮之前，一起来跟着我热热身吧！

【教师和幼儿一起随乐热身，热身活动中引导幼儿下肢运动的正确姿势。】

（二）通过两个不同层次的游戏，提升幼儿协调能力

1. 游戏一：小蚂蚁认粮仓。（场地图示 1）

师：小蚂蚁们，我们的粮食要运到粮仓里，你会怎样运送呢？

【引到幼儿运用爬的方式运送粮食。】

师：小蚂蚁们，请到玉米地拿一个玉米图片贴在自己的胸前运回粮仓。

【幼儿游戏 1 次，教师巡回指导。】

提示：幼儿在活动中小腿着地，小臂朝前，灵活地沿着路线爬行。

师：哪只小蚂蚁最快速地回来了？你是怎么收集到粮食的？

【幼儿示范。】

小结：小肚子不碰到地面，灵活地沿着路线爬行才能快速地运回粮食。

2. 游戏二：小蚂蚁过桥。（场地图示 2）

师：森林里的南瓜成熟了，小蚂蚁们这次需要把南瓜运回粮仓。采南瓜的路上又多了很多障碍，你发现了什么？

师：这条路上有小桥，你会怎么过去呢？

【幼儿分队站在四个粮仓区域中，爬过总长 5 米的路线，遇到长 2 米、宽 0.8

米的小桥障碍要爬过去，南瓜数量多者获胜。根据幼儿情况，游戏1—2次。】

师：小蚂蚁们，你们是怎么把南瓜带回来的？

【幼儿示范。】

提示：遇到高的障碍要集中精力，小肚子不碰地面才能顺利地爬过去。

（三）结束环节

师：今天小蚂蚁们都很开心，你们通过爬的方式越过了障碍，完成了任务，这样就能顺利过冬啦！那我们一起放松放松吧！

【一边放松，一边聊天回顾。】

【场地图示】

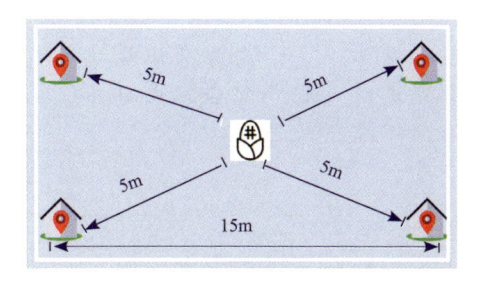

场地图示1 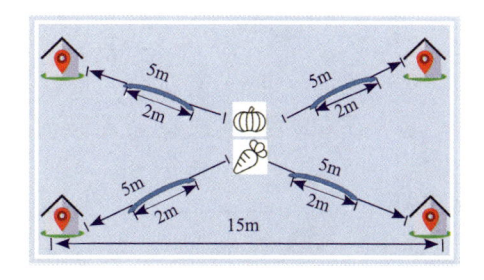　　　　　　　　　　场地图示2

体育游戏观察量规

观察指标		水平1	水平2	水平3	量化
动作发展	位移动作——爬	动作不标准，不能利用手膝着地爬的姿势越过障碍	有意识地利用手膝着地爬的姿势越过障碍，但动作不标准	小腿着地，小臂朝前，灵活地沿着路线爬行，越过障碍	

续表

观察指标		水平1	水平2	水平3	量化
动作发展	位移动作——爬	准备时不专注，准备动作不正确	准备时能够认真准备，身体正直前倾，在提醒下目视目标处	准备时专注认真，躯干正直稍前倾，眼看前方	
		爬行时会摔倒	爬行时四肢不协调	掌握不同形式爬的动作，爬行时四肢协调	
脑智发展	协调——左右协调	左右身体不协调，无法配合完成游戏任务	左右身体能配合完成游戏任务，但配合不协调	左右身体能协调配合完成游戏任务	
	协调——手脚协调	不能手脚协调地向上爬过障碍，并爬至一定高度	能手脚协调缓慢地向上爬过障碍，并爬至一定高度	能手脚协调地快速向上爬过障碍，并爬至一定高度	
社会情感	自我效能感	能在成人的引导下承担任务，并在帮助下完成	主动承担任务，遇到困难能寻求帮助并坚持完成	主动承担任务，遇到困难能够坚持而不轻易求助	
	冲动控制	不能适应与接受活动上的改变	能在外界的引导下适应与接受活动上的改变	能适应与接受活动上的改变	

上午晨间锻炼

阶段一【D1、D2、D3】

【方法】

用折叠长垫（可用体操垫等补充）摆出各种图形，幼儿排一路纵队，用手膝爬的方式沿着图形右边边沿爬到终点，到终点贴上一个蔬菜图片后跑回起点。

阶段二【D4、D5】

【方法】

用折叠长垫（可用体操垫等补充）摆出各种图形，其中有垒高或变窄的路线，幼儿排一路纵队，用手膝爬的方式沿着图形右边边沿爬到终点，到终点贴上一个蔬菜图片后跑回起点。

【场地图示】

下午体育活动

阶段一【D1、D2、D3】

【内容】蚂蚁运粮

【方法】

幼儿排一路纵队，听指令依次出发，沿着"森林小路"爬到"庄稼地"，带回一个"粮食"（贴在自己的胸前），然后再用手膝爬的方式回到起点，站成一路纵队。

阶段二【D4、D5】

【内容】智取粮食

【方法】

幼儿排一路纵队,听指令依次出发,沿着"森林小路"爬到"庄稼地",带回一个"粮食"(贴在自己的胸前),跑回起点站成一路纵队。开始时教师在终点处用旗帜表示需要运的粮食,幼儿按照旗帜内容运粮。

【场地图示】

家庭亲子活动

【D1、D2】

1. 折返爬:幼儿在两位家长之间不断折返爬,家长轮流变换位置。每组练习 30 s,两组中间休息 30 s,每天 5 组。

2. 身体柔韧:幼儿与一名家长面对面坐在床上,两腿伸直,双脚相对,两人各抓住毛巾一端,前后拉。

【D3、D4】

1. 爬绕障碍:在地上放置多种障碍物,家长站在障碍物外围阻拦幼儿爬出来,幼儿爬出障碍物而不碰到障碍物即获胜。一组 2 min,两组中间休息 1 min,每天 3 组。

2. 手眼协调:家长与幼儿站在桌子两边,家长滚乒乓球,幼儿用手抓。每组 10 个球,每天 5 组。

【D5、D6、D7】

1. 爬行吹球：家长和幼儿在间隔 2 m 的线之间进行爬行吹乒乓球比赛，先吹过对方线的即可获胜。两组中间休息 1 min，每天 3 组。

2. 手臂力量：在鞋盒上方挖个洞，放进 10 个乒乓球，幼儿双手拿鞋盒上下用力摇，摇出 10 个乒乓球算一组。两组中间休息 1 min，每天 3 组。

虫虫特工队（第二课时）

记忆	✓✓	
专注	✓✓	基本动作能力：手膝爬
反应		
协调	✓✓✓✓	
创新	✓	

一、活动目标

1. 知道用手和脚的力量向前移动，保持手膝爬的姿势。

2. 学会"蚂蚁的四季"游戏方法，能依据游戏指令快速决策，将宝贝运回。

3. 对爬类游戏感兴趣，主动承担任务，遇到困难能够坚持。

二、重难点

活动重点：眼视前方，观察同伴位置，保持距离，能手脚协调地爬行前进。

活动难点：在过程中能够倾听、观察路线和数量信息，根据不同季节判断拿物品的先后顺序。

三、活动准备

1. 经验准备：

（1）运动技能准备：幼儿有过爬的经验，具备基本的抓握和操作能力。

（2）知识储备（游戏储备）：了解种子和蔬菜的外形特征，能根据图片拿取物体。

（3）生活经历：幼儿玩过播种游戏，了解播种和采摘等概念。

2. 器材准备：圈30个（直径20 cm），蚂蚁头饰若干，玉米、南瓜、西红柿、胡萝卜图片各24个。

3. 场地准备：10 m×15 m 的空旷场地。

四、活动过程

（一）情景引入，热身活动

师：小蚂蚁们，春天来了，到了播种的季节。我们一起锻炼锻炼，看看小蚂蚁是不是具备了运粮食的能力。

【教师和幼儿一起随乐热身，热身活动中引导幼儿下肢运动的正确姿势。】

（二）通过三个层次游戏，提升协调能力

1. 游戏一：播种的春天。（场地图示1）

师：小蚂蚁们，春天到了，我们家里有很多种子需要种到土地里，地上有不同颜色的粮食和不同种类的土地，你们能把它们正确播种到地里吗？

师：听到蚂蚁老师的哨声后，请把对应颜色的种子用爬的方式运送，播种到相同颜色的圈里。哨声一响，立即出发，准备好了吗？

【幼儿挑战，教师巡回指导，重点关注对游戏规则不清楚的幼儿，积极鼓励并给予针对性指导。】

提示：教师用夸张的动作和清晰的语言重复指令，幼儿按照爬的方式运输种子。

2. 游戏二：夏天浇水。（场地图示2）

师：夏天到了，我们小蚂蚁不仅需要食物的补给，更需要水的补给。

【教师发布任务配比：1个食物对应1滴水。在规定位置获取食物和水，接力运送。】

师：刚刚你们是怎么分配运送的？怎么能运送得又多又快？

【幼儿示范。】

提示：在游戏过程中，幼儿抬头看前方，协调运送的顺序。

3. 游戏三：丰收的秋天。（场地图示2）

师：秋天到了，我们的田里有许多粮食都成熟了。我们小蚂蚁不仅需要更多的食物补给，更需要水的补给。每个队伍需要拿2个食物、1滴水。

师：刚刚你们是怎么分配运送的？

提示：引导幼儿按照2个食物、1滴水的顺序运输，不准确的及时修改。

【幼儿示范并根据幼儿游戏情况，再次游戏2—3次。】

（三）结束环节

师：冬天到了，在你们的坚持努力下，我们收获了很多粮食，你最喜欢哪个季节呢？

【一边放松，一边聊天回顾。】

【场地图示】

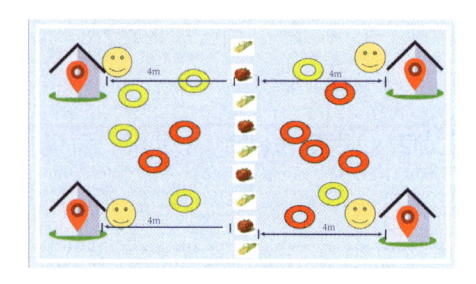

场地图示1

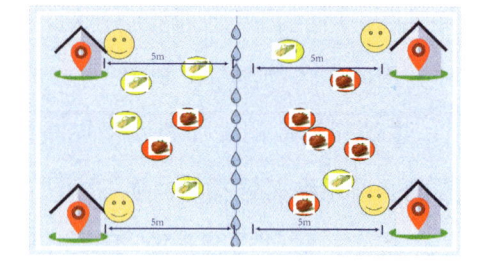

场地图示2

体育游戏观察量规

观察指标		水平1	水平2	水平3	量化
动作发展	位移动作——爬	动作不标准，不能利用手膝着地爬的姿势越过障碍	有意识地利用手膝着地爬的姿势越过障碍，但动作不标准	小腿着地，小臂朝前，灵活地沿着路线爬行，越过障碍	
		准备时不专注，准备动作不正确	准备时能够认真准备，身体正直前倾，在提醒下目视目标处	准备时专注认真，躯干正直稍前倾，眼看前方	
		爬行时会摔倒	爬行时四肢不协调	掌握不同形式爬的动作，爬行时四肢协调	
脑智发展	协调——左右协调	左右身体不协调，无法配合完成游戏任务	左右身体能配合完成游戏任务，但配合不协调	左右身体能协调配合完成游戏任务	
	协调——手脚协调	不能手脚协调地向上爬过障碍至一定高度	能手脚协调缓慢地向上爬过障碍，并爬至一定高度	能手脚协调地快速向上爬过障碍至一定高度	
社会情感	自我效能感	能在成人的引导下承担任务，并在帮助下完成	主动承担任务，遇到困难能寻求帮助并坚持完成	主动承担任务，遇到困难能够坚持而不轻易求助	

上午晨间锻炼

阶段一【D1、D2】

【方法】

用体操垫摆一个"仓库",幼儿从入口出发,用手膝爬的方式采摘食物,每次2个食物、1滴水。在行进游戏的过程中,幼儿不能爬出长垫(或体操垫)。

阶段二【D3、D4、D5】

【方法】

用体操垫摆一个"仓库",分别为一层、两层、三层体操垫,幼儿碰到要爬过去,幼儿从入口出发,用手膝爬的方式采摘食物,每次2个食物、1滴水。在行进游戏的过程中,幼儿不能爬出长垫或体操垫。

【场地图示】

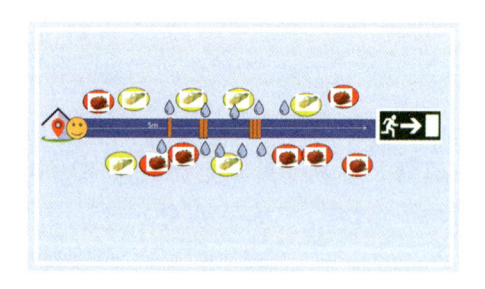

下午体育活动

阶段一【D1、D2、D3】

【内容】"春天播种"(场地图示1)

【方法】

将小玩具随机撒在体操垫铺的"田地"里,幼儿依次从入口出发,沿着"通道"爬到出口。将看到的"种子"种植到对应颜色的圈里,一个圈里种两个种子。

阶段二【D4、D5】

【内容】"秋天收获"（场地图示2）

【方法】

将小玩具随机撒在体操垫铺的"迷宫"里，幼儿依次从入口出发，沿着"通道"爬到出口。每个队伍需要拿2个食物、1滴水。看到"小桥"也要爬过去。

【场地图示】

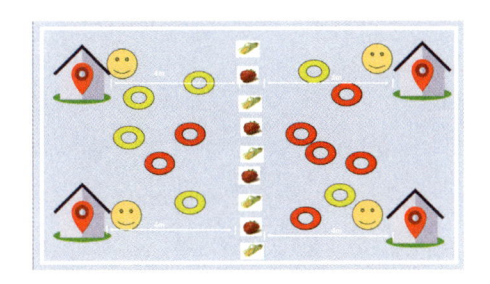

场地图示1　　　　　　　　　　场地图示2

家庭亲子活动

【D1、D2】

1. 爬图形：家长在床上随意摆一个造型，幼儿沿着家长的身体形状爬，然后家长变换造型，幼儿继续。每个造型爬两遍，中间休息30 s，每天5个造型。

2. 身体柔韧：坐位体前屈拉伸，每组拉伸20 s，每天3组，中间休息30 s。

【D3、D4】

1. 爬越障碍：床上摆放各种枕头、叠得高低不等的被子，幼儿从上面爬过去。

2. 走平衡：在床上将各种枕头、叠成各种形状的被子拼接在一起，家长扶着幼儿从上面走过去。然后将每个枕头间隔20 cm放，家长扶着幼儿从枕头上面走过去。

【D5、D6、D7】

1. 爬越障碍：家长平躺在床上，幼儿依次从家长的小腿、大腿、腰部、胸部爬过去；然后家长再侧身躺好，幼儿依次从小腿、大腿、腰部、胸部爬过去。两个造型为一组，每组造型中间休息 30 s，每天 3 组。

2. 身体协调：家长和幼儿一起躺在床上，抬起四肢，喊"1"左手碰左膝，喊"2"右手碰右膝。

小兔蹦蹦寻宝记（第一课时）

记忆	✓	
专注	✓✓	
反应	✓✓✓	基本动作能力：跳
协调	✓✓✓✓	
创新		

一、活动目标

1. 能在游戏情境中，尝试协调身体，用连续跳跃的方式参与挑战。

2. 锻炼下肢力量，能较稳定地完成跳跃动作，提高身体的协调性。

3. 喜欢寻宝游戏，能适应与接受规则的变化，萌发勇敢、坚持不懈的品质。

二、重难点

活动重点：了解跳跃的基本动作，如双脚起跳、落地缓冲等，用双脚起跳、落地缓冲的跳跃动作贯穿游戏。

活动难点：有意识地运用跳姿，前脚掌着地。双手自然摆动，保持身体平衡，动作节奏稳定。

三、活动准备

1. 经验准备：

（1）运动技能准备：生活中有自由跳跃的经验。

（2）知识储备（游戏准备）：认识常见的颜色，如红、黄、蓝，知道兔子的行走方式——跳。

（3）经历（生活方面）：知道寻宝是什么意思，看过或听过类似的动画故事。

2.器材准备：兔子头饰12个，直径为60 cm的红圈20个，直径为60 cm的蓝圈6个，直径为40 cm的黄圈6个，宝藏箱1个，云梯2个，迷彩垫4个，拱形门洞2个，红、黄、蓝钥匙各4个。

3.场地准备：20 m×50 m的空旷塑胶场地。

四、活动过程

（一）情景引入、热身活动

师：小兔蹦蹦听说森林深处有许多宝藏，他邀请你们一起去寻宝，你们想去吗？

师：出发前，我们一起在草地上跳一跳，做好外出准备。

【以跳跃动作进行热身活动。】

（二）通过三种游戏、练习跳跃、提高身体协调性

1.游戏一：勇闯星星路。

师：小兔子们，前面是星星路。我们寻宝第一关要通过星星路，连续跳中每一颗星星。在终点选一把你喜欢的钥匙（红、黄、蓝），准备好了吗？

【游戏1次。】

师：我刚才看到一只兔宝宝连续跳中了每一颗星星，你是怎么跳的？

【请幼儿示范。】

提示：双脚起跳，落地缓冲。

【根据游戏情况，可增加游戏次数。】

小结：你们要在跳跃的过程中观察目标，双脚起跳，轻轻落在星星上。

2.游戏二：换取能量石。

师：兔宝贝们，我们离宝藏又近了一步！星星躲起来了，你还能跳在圆圈路的中间吗？

提示：从圈中有目标物到圈中没有目标物，关注跳的动作是否协调、变形。

师：跳完后，爬过绿色草地，寻找一个和你钥匙颜色一样的能量石。

【幼儿游戏1次，并验证钥匙的颜色与能量石是否匹配正确。】

提示：需集中注意力，双脚向前跳、轻落地，一个接一个。

【根据游戏情况，可增加游戏次数。】

师：这次你们都拿到能量石了吗？

小结：兔宝宝们，你们不仅能连续跳过圈圈路，还能匹配钥匙对应的能量石。

3. 游戏三：寻宝之旅。

师：兔宝宝们，我们离宝藏还有一关，有信心吗？

师：首先跳过大大小小的圈圈路，然后穿过神秘的山洞，谁来试一试？

【幼儿自由尝试。】

师：你是怎么通过的？

提示：需集中注意力观察圈的大小，连续向前跳，轻落地。

【根据游戏情况，可增加游戏次数。】

小结：兔宝宝们，你们能仔细观察圈圈路的大小变化，顺利通过。

(三) 结束环节

师：今天，我们通过努力，找到了宝藏。我们一起放松一下。【一边放松，一边聊天回顾。】

师：森林深处还有更多神奇的宝藏，下次我们继续前行。

【场地图示】

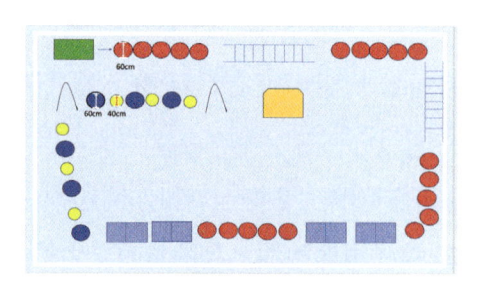

体育游戏观察量规

观察指标		水平 1	水平 2	水平 3	量化
动作发展	位移——双腿并拢连续向前跳	不能双脚向前行进跳。动作不标准，没有意识做跳的姿势	能双脚向前行进跳。有意识地运用跳的姿势，但动作不标准	掌握双脚向前行进跳。起跳时，手臂向前摆臂，脚跟先离地，膝盖弯曲，身体明显前倾。前脚掌着地，手臂相向运动。双手自然摆动，保持身体平衡，动作节奏稳定	
脑智发展	协调——左右配合	左右身体不协调，无法配合完成游戏任务	左右身体能配合完成游戏任务，但配合不协调	左右身体能协调配合完成游戏任务	
	协调——平衡能力	左右身体不能在游戏过程中保持平衡	左右身体能在游戏过程中基本保持平衡	左右身体能在游戏过程中保持平衡	

续表

观察指标		水平1	水平2	水平3	量化
脑智发展	跑跳能力	能不间断地跑跳过2个一定宽度的障碍物	能不间断地跑跳过3—5个一定宽度的障碍物	能不间断地跑跳过5个以上一定宽度的障碍物	
社会情感	自信	不相信自己能从事活动	能在成人的帮助下从事活动并肯定自己	能独立从事活动并展现自信	
	自我效能感	能在成人的引导下承担任务,并在帮助下完成	主动承担任务,遇到困难能寻求帮助并坚持完成	主动承担任务,遇到困难能够坚持而不轻易求助	
	冲动控制	不能适应与接受活动上的改变	能在外界的引导下适应与接受活动上的改变	能适应与接受活动上的改变	

上午晨间锻炼

阶段一【D1、D2】

【方法】

教师在场地中间摆放红、黄、蓝钥匙道具,幼儿四散站好,听口令跳跃捡钥匙,时间20 s,时间结束看谁捡得多。

阶段二【D3、D4、D5】

【方法】

教师在场地中间摆放钥匙道具,较前期数量减少三分之一,幼儿四散站好，听口令跳跃捡钥匙，时间 20 s，时间结束看谁捡得多。

【场地图示】

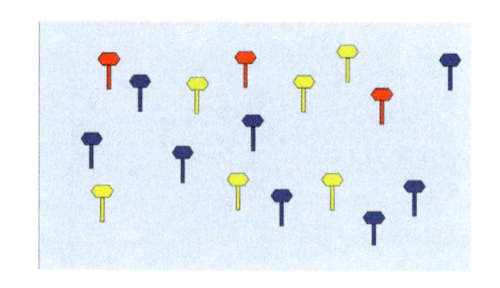

下午体育活动

阶段一【D1、D2】

【内容】圈圈路大挑战

【方法】

幼儿两路纵队排好，依次跳过大小规格相同的圈，随后收集一颗能量石。先收集完毕的一队获胜。

阶段二【D3、D4、D5】

【内容】变换圈圈大探险

【方法】

幼儿两路纵队排好，依次跳过大小规格不同的圈，随后收集一颗能量石。先收集完毕的一队获胜。

【场地图示】

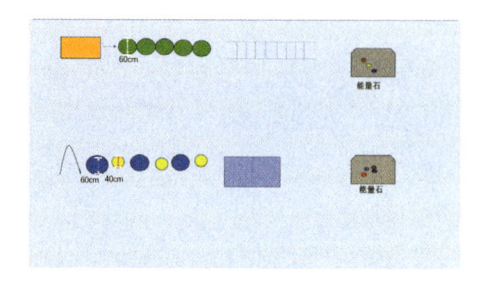

家庭亲子活动

【D1、D2】

地砖跳跳跳：利用家里的地砖或者小区的地砖，鼓励幼儿大胆地跳一跳，巩固跳的动作，让孩子发现运动无处不在，找到跳跃的快乐。

【D3、D4】

1. "地砖跳跳跳"升级版：观察幼儿连续跳跃的个数，在原有的基础上超越2个及以上。

2. 跳跳达人：就地取材，寻找身边大小不同的圈，幼儿创意摆放，亲子以游戏方式依次跳过，不踩圈为胜利。

【D5、D6、D7】

1. 跳跳乐：幼儿跳跃的同时家长打节奏为其鼓掌，增强协调性的同时培养和谐有爱的亲子感情。

2. 原地跳跃：家长平举双手，幼儿原地跳跃后与家长击掌。

3. 纵跳触物：门上挂一个幼儿喜欢的玩偶，幼儿跳跃并触摸。

小兔蹦蹦寻宝记（第二课时）

记忆	✓	
专注	✓✓	
反应	✓✓✓	基本动作能力：跳
协调	✓✓✓✓	
创新		

一、活动目标

1. 在游戏情境中，协调自己的身体，用连续跳跃的方式参与挑战。

2. 在跳跃中能保持身体的平衡和动作的流畅，提高身体协调性。

3. 能适应与接受规则的变化，萌发不畏困难、探索的品质。

二、重难点

活动重点：起跳时，手臂向前摆臂，脚跟先离地，膝盖弯曲，身体明显前倾。

活动难点：能根据游戏内容正确、稳定地用跳跃动作完成寻宝游戏。

三、活动准备

1. 经验准备：

（1）运动技能准备：有双腿并足向前跳、从低矮的坡度往下跳的体验。

（2）知识储备（游戏准备）：接触过积木匹配游戏。

（3）经历（生活方面）：在寻宝情境中有愉快的寻宝体验。

2. 器材准备：

兔子头饰12个，直径为60 cm的蓝圈12个，直径为40 cm的黄圈12个，高度为10 cm的瑜伽砖5个，高度为15 cm的瑜伽砖7个，积木箱、宝藏箱各1个，云梯1个，迷彩垫2个，拱形门洞1个。

场地准备：50 m×20 m的空旷塑胶场地。

四、活动过程

（一）情景引入，热身活动

师：上次我们和蹦蹦一起在森林里找到了很多宝藏，今天蹦蹦又邀请我们去森林深处寻宝，你们想去吗？

师：兔宝宝们，上次我们顺利拿到宝藏，一共闯过了哪些关？再次出发前，我们熟悉一下上次探险的路，一会儿可能还会遇到。

【幼儿自由游戏，巩固技能并做准备活动。】

（二）通过三种游戏，提升连续跳跃的能力，保持身体的平衡和动作的流畅

1. 游戏一：勇敢跳跳兔。

师：兔宝宝们，寻宝之路又开始啦！

师：我们是勇敢跳跳兔，前方有大小不同的圈圈路和一个有高度的石墩，你能试试吗？

【幼儿尝试，熟悉路线。】

师：不好，石墩后面藏了一个怪兽，你需要选择一个和衣服颜色一样的积木能量石带回来，注意不能吵醒怪兽。

师：你们找到积木了？拿的是什么颜色？

【请幼儿示范。】

提示：观察目标，双脚起跳，落地缓冲。

小结：路途上能双脚向前行进跳，起跳时，手臂向前摆臂，脚跟先离地，膝盖弯曲，身体明显前倾。

2. 游戏二：启动积木能量。

师：兔宝贝们，我们离宝藏又近了一步！接下来，又有新的挑战，请去试试。

【幼儿尝试，熟悉路线。】

师：我们带着手中的积木跳过圈，并按照地上的图形箭头跳到终点，将积木快速放进和它形状一样的能量区去启动能量。准备好了吗？

【幼儿游戏1次，并验证箭头跳跃是否正确。】

师：你启动能量了吗？有遇到什么困难吗？

【引导幼儿发现想要平稳地跳过圈圈路，需要集中注意力，双脚用力向前跳，轻落地，一个接一个。】

【根据游戏情况，可增加游戏次数。】

小结：兔宝宝们，你们勇敢又细心，能按照箭头方向进行跳跃。通过你们的努力，积木能量全部送达并且成功启动，我们离宝藏又进一步。

3. 游戏三：宝藏湾。

师：兔宝宝们，宝藏湾在前方，跳过有高度的石头，按照箭头指示方向跳过图形迷宫，就可以拿取宝藏啦，有信心吗？

【幼儿游戏1次。】

提示：观察不同高度的石墩并做出跳跃准备。

师：在不懈的努力下，你们又找到了很多宝藏，太了不起了。

提示：在跳跃中注意提醒幼儿思考几点。一是跳的距离，二是跳的高度，三是跳的路线规划。

师小结：兔宝宝们，你们能观察目标，跳过有高度的石头，按照箭头跳过迷宫，最终拿到宝藏，我为你们高兴。

（三）结束环节

师：今天，通过努力，我们和蹦蹦一起把森林里的宝藏都找到了，真了不起。现在，我们一起放松放松吧！

【场地图示】

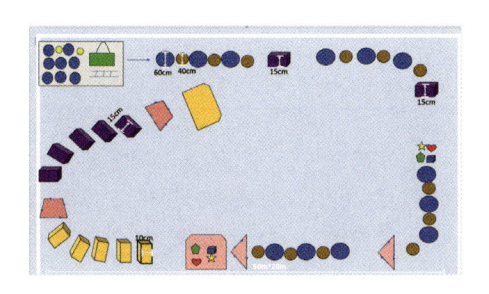

体育游戏观察量规

观察指标		水平1	水平2	水平3	量化
动作发展	位移——双腿并拢连续向前跳	不能双脚向前行进跳。动作不标准，没有意识做跳的姿势	能双脚向前行进跳。有意识地运用跳的姿势，但动作不标准	掌握双脚向前行进跳。起跳时，手臂向前摆臂，脚跟先离地，膝盖弯曲，身体明显前倾。前脚掌着地，手臂相向运动。双手自然摆动，保持身体平衡，动作节奏稳定	
脑智发展	协调——左右配合	左右身体不协调，无法配合完成游戏任务	左右身体能配合完成游戏任务，但配合不协调	左右身体能协调配合完成游戏任务	

续表

观察指标		水平1	水平2	水平3	量化
脑智发展	协调——平衡能力	左右身体不能在游戏过程中保持平衡	左右身体能在游戏过程中基本保持平衡	左右身体能在游戏过程中保持平衡	
	跑跳能力	能不间断地跑跳过2个一定宽度的障碍物	能不间断地跑跳过3—5个一定宽度的障碍物	能不间断地跑跳过5个以上一定宽度的障碍物	
社会情感	自信	不相信自己能从事活动	能在成人的帮助下从事活动并肯定自己	能独立从事活动并展现自信	
	自我效能感	能在成人的引导下承担任务，并在帮助下完成	主动承担任务，遇到困难能寻求帮助并坚持完成	主动承担任务，遇到困难能够坚持而不轻易求助	
	冲动控制	不能适应与接受活动上的改变	能在外界的引导下适应与接受活动上的改变	能适应与接受活动上的改变	
	自我激励	不能开展活动	能在成人的激励下开展活动，肯定自己	主动寻求并开展活动，有自豪感	

续表

观察指标		水平1	水平2	水平3	量化
社会情感	人际关系建立与维持	能有礼貌地与人交往	能有礼貌地与人交往，注意到别人的情绪	能有礼貌地与人交往，能注意到别人的情绪，并有关心、体贴的表现	

上午晨间锻炼

阶段一【D1、D2】

【方法】

幼儿四散站好（教师在场地中间摆放多个颜色不同的钥匙道具，幼儿跳跃捡钥匙，部分钥匙放在有高度的台阶上），听口令跳跃捡钥匙，时间20 s，时间结束看谁捡得多。

阶段二【D3、D4、D5】

【方法】

幼儿四散站好（教师在场地中间摆放钥匙道具，较前期数量减少三分之一，同时增加部分台阶的高度），听口令跳跃捡对应颜色的钥匙，时间20 s，时间结束看谁捡得多。

【场地图示】

下午体育活动

阶段一【D1、D2】

【内容】圈圈路大挑战＋高度跳跃

【方法】

幼儿两路纵队排好，依次跳过大小规格相同的圈，随后从 10 cm 高度跳下拿一块图形积木，继续大圈跳跃前行，从 15 cm 高度跳下去将图形积木送进对应卡槽。先完成的幼儿获胜。

阶段二【D3、D4、D5】

【内容】变换圈圈大探险

【方法】

1. 幼儿两路纵队排好，依次跳过大小规格不相同的圈，随后从 20 cm 高度跳下去收集一颗能量石头。先收集完毕的一队获胜。

2. 间隔跳＋图形跳

幼儿依次跳过一定高度的障碍物，接着顺着箭头方向跳图形迷宫，最后拿取宝藏。

【场地图示】

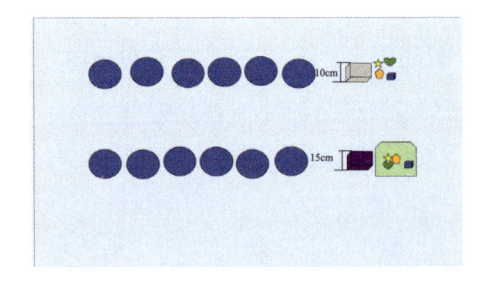

阶段一

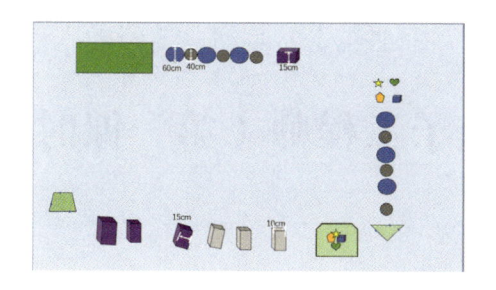

阶段二

家庭亲子活动

【D1、D2】

就地取材，在家里找一些有一定高度的低矮物品，如易拉罐、鞋盒子等，自由摆放，鼓励幼儿跳跃。

【D3、D4】

就地取材，在家里找一些有一定高度的物品（有高有低），自由摆放，鼓励幼儿跳跃。

【D5、D6、D7】

1. 跳跳乐：幼儿在跳跃一定高度的物体的同时家长打节奏为其鼓掌，增强幼儿协调性的同时培养和谐有爱的亲子感情。

2. 原地跳跃：家长平举双手，幼儿原地跳跃障碍后与家长击掌。

3. 图形跳跃：摆放一些三角形、长方形等图形，幼儿从头跳至尾。

第二部分：中班体育活动

兔子工程师（第一课时）

记忆	✓✓✓✓	
专注	✓✓	基本动作能力：双脚跳
反应	✓✓	
协调		
创新	✓	

一、活动目标

1. 明确并掌握双脚跳的动作要领，双脚同时起跳和落地，膝关节微屈缓冲，整体动作连贯、协调。

2. 能根据任务单说出具体内容且记忆任务内容，准确取回对应的砖块盖房子。

3. 体验通过努力完成任务的快乐。

二、重难点

活动重点：能根据任务单的内容，正确用双脚跳的方式完成盖房子的任务。

活动难点：在游戏中能坚持用双脚跳的方式成功地完成盖房子的任务。

三、活动准备

1. 经验准备：

（1）运动技能准备：初步了解双脚跳，在日常游戏活动中体验过双脚跳。

（2）知识储备（游戏准备）：知道小兔子是双脚并拢跳跃的。

（3）经历（生活方面）：玩过磁力片。

2.器材准备：红、绿、蓝正方形磁力片各48片，三角形磁力片48片，长方形磁力片48片，任务单3—4张，石头图标若干，乌龟卡片48个。

3.场地准备：10 m×10 m的软质场地。

四、活动过程：

（一）情境导入

师：小兔子们，刚刚接到个电话，乌龟先生知道我们有健硕的大腿，跳得快，脑袋又聪明，所以邀请我们来当工程师，帮他们盖房子。现在，我想看看哪只小兔子跳得又快又稳，可以胜任工程师这份工作。

①幼儿四散双脚跳，教师观察。

②请个别幼儿示范正确的双脚跳。

③幼儿再次集体双脚跳。

师：嗯，我看到了，你们都具备了成为优秀工程师的技能。在盖房子之前，我们先来运动一下，热热身吧。

（二）游戏：盖房子

师：乌龟先生送来了几张设计图。工程师们，你们需要记住这些设计图，然后到砖厂取回相应的砖块，盖好房子，乌龟先生就会住进跟设计图完全一致的房子里。

1.游戏一。

（1）出示设计图，帮助幼儿解读设计图及任务。

师：小兔子们，这房子是什么样的呀？有什么样的砖块？各有几个？它们是怎么组合的？

【幼儿回答。】

师：请你们记住设计图以及砖块的颜色和数量，双脚跳到前面拿到砖块，再跳回来盖房子。请记忆设计图内容，听到哨声后立即出发。

（2）师：你的房子盖成功了吗？哪里出现了困难？

提示：教师及时给予成功的幼儿鼓励，给予有困难的幼儿帮助。

（3）小结：要仔细看，集中注意力记住设计图的内容，双脚并拢向前跳运回砖块，准确地盖好房子。

2. 游戏二。

（1）出示新的设计图，引导幼儿完成盖房子的任务。

师：刚刚下过雨，地上有很多的小水洼，小兔子们该怎么安全跳到砖厂呢？

幼儿发现地上有石头，尝试跳到石头上避开水洼。

师：小兔子们，让我们来看一看新的设计图是什么样子的？出现了什么样的砖块呀？你们认识吗？

师：这次出现了别的形状的砖块，那小兔子们，你们会怎么记住它呢？

幼儿分享，教师帮助一起记忆图纸。

师：请记忆设计图的内容，听到哨声后立即出发。

（2）师：你们的任务完成了吗？我们一起对照设计图验证一下。

刚刚盖房子有没有遇到什么困难？【根据情况，引导幼儿说出没能双脚跳在石头上或记不住所有的砖块以及它们的具体位置等。】

（3）小结：原来要盖好房子，不仅要记住用了什么砖块，还得知道每块砖用在了什么位置。

3. 游戏三。

（1）出示新的设计图，幼儿盖楼。

师：小兔子们都很棒，这里还有一份设计图，请记忆设计图的内容，听到哨声后立即出发。

（2）幼儿游戏，教师指导。

师：这次不仅仅要记住颜色，同时也要记住形状哦！【提醒幼儿，双脚并拢向前跳，跳到石头上。】

师：这次遇到了什么困难？【引导幼儿大胆表达自己的困惑，教师和幼儿共同帮助解决。】

（3）小结：原来要快速准确地盖好房子，需要牢牢记住设计图的内容，双脚并拢准确快速跳回，就能快速完成盖房子的任务。

提示：根据幼儿游戏情况决定是否出示第4张设计图。

(三) 结束环节

师：小兔子们今天真棒，通过自己的智慧，成功运回砖块帮乌龟家族盖好了房子。现在让我们一起放松放松吧！

【场地图示】

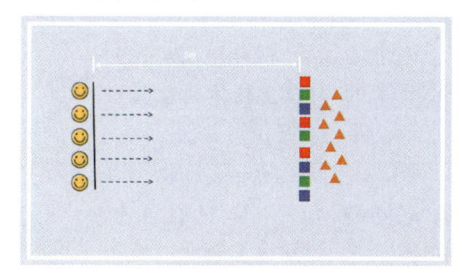

场地图示1

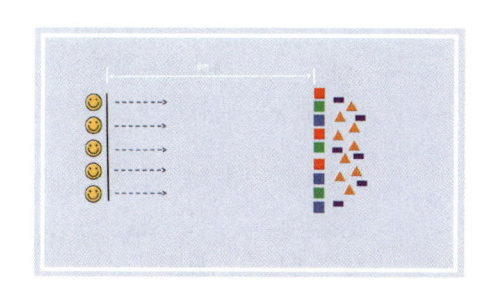

场地图示2

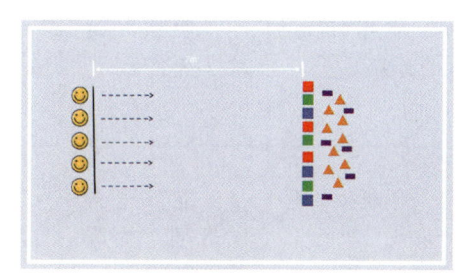

场地图示3

体育游戏观察量规

观察指标		水平1	水平2	水平3	量化
动作发展	双脚跳	连续并足跳1—2米	连续并足跳3—4米	连续并足跳5—6米	
		双脚不能同时离地向前跳跃	在指导下能做到双脚同时离地，腿稍屈向前跳	双脚同时离地，前脚掌着地，两腿稍屈，重心在前，双臂自然摆动	
脑智发展	记忆——空间记忆	能记住1个物体特征（如颜色、大小等）	能记住2到3个物体特征（如颜色、大小等）	能记住4个及以上物体特征（如颜色、大小等）	
	记忆——空间记忆	能记住1个物体的位置	能记住2到3个物体的位置	能记住4个及以上物体的位置	
	记忆——数字记忆	能记住1个物体	能记住2到3个物体	能记住4个及以上物体	
	专注——视觉专注	能同时追踪1个目标	能同时追踪2个目标	能同时追踪3个及以上目标	
社会情感	自我意识	不能独立进行游戏	能在老师或者同伴帮助下进行游戏	能独立进行活动并展现自信	

上午晨间锻炼

阶段一【D1、D2】

【内容】小兔子跳跳

【方法】

每队摆放 8 个跳圈。教师带领幼儿尝试跳过每一个跳圈，幼儿熟悉游戏。自由分组，听口令出发，跳过圈后，从两边慢跑返回，和下一名幼儿击掌后跑至队末，循环游戏。（场地图示 1）

阶段二【D3、D4、D5】

【内容】小兔子种萝卜

【方法】

将圈按照单个、双个、单个、双个摆放，幼儿单脚、双脚、单脚、双脚跳过每一个跳圈，将手里的彩球放入对应颜色的框子里后返回，和下一名幼儿击掌后跑至队末，游戏过程中不能破坏游戏规则。（场地图示 2）

【场地图示】

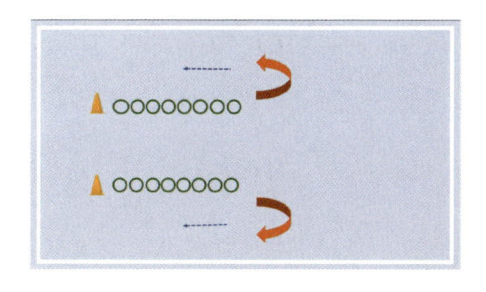

场地图示 1

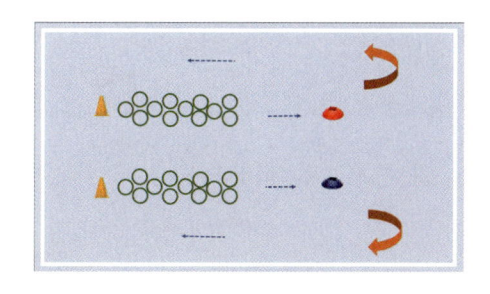

场地图示 2

下午体育活动

阶段一【D1、D2、D3】

【内容】接力跑

【方法】

将幼儿排成两路纵队，站在起跑线后预备。终点线距离起点线 10 m，从第一名幼儿开始，依次快速跑到终点，绕过标志筒，原路快速返回，与下一名幼儿击掌，下一名幼儿出发，完成的幼儿站在队伍的末尾。（场地图示1）

阶段二【D4、D5】

【内容】 小兔子的蘑菇伞

【方法】

在场地上布置一圈"小蘑菇伞""小兔"围着"蘑菇伞"站成一圈。游戏开始后，大怪兽会随机抓一只"小兔"，"小兔"要在快被抓住前迅速蹲下来或者躲到和自己手环相对应颜色的"蘑菇伞"里面，没找到"蘑菇伞"的幼儿淘汰。（场地图示2）

【场地图示】

场地图示1  场地图示2

家庭亲子活动

【D1、D2】

小兔快跑：当家长发出口令"小兔小兔向左跳跳"时，幼儿向左跳两步；当家长发出口令"小兔小兔向右跳跳"时，幼儿向右跳两步；当家长发出口令"小兔快跑，大灰狼来啦"时，小兔跑回椅子上坐好，若被抓住，角色互换。

【D3、D4】

小兔子运果子：幼儿及家长分别从两边出发至终点拿取"果子"回家，谁运的多视为胜利。

【D5、D6、D7】

颜色跳一跳：幼儿站于红色、蓝色、粉色任意一种卡片后方，当家长发出口令"红色"时，幼儿需要跳至红色卡片后方；当家长发出口令"蓝色"时，幼儿需要跳至蓝色卡片后方；当家长发出口令"粉色"时，幼儿需要跳至粉色卡片后方。若跳错颜色，角色互换。

兔子工程师（第二课时）

记忆	✓✓✓✓	基本动作能力：双脚跳
专注	✓✓	
反应	✓✓	
协调		
创新		

一、活动目标

1. 在盖房子这一游戏的跳跃过程中，能跳过一定高度（15 cm），并且避免碰到或踢到设置的障碍物，以确保游戏的顺利进行。

2. 尝试快速分工记忆设计图，并与同伴用合作接力的方式运回砖块。

3. 愿意积极思考，能克服轻度疲劳，坚持完成任务。

二、重难点

活动重点：能用双脚跳的方式进行游戏，且能跳过一定高度。

活动难点：在游戏中和同伴快速分工记忆设计图，用合作接力的方式运回砖块。

三、活动准备

1. 经验准备：

（1）运动技能准备：有双脚跳的经验。

（2）知识储备（游戏准备）：知道小兔子跳得快还跳得高。

（3）经历（生活方面）：晨锻中玩过跨越障碍物。

2. 器材准备：红色、橙色、黄色、绿色、蓝色磁力片各 20 个，长方形、正方形、梯形、三角形磁力片各 20 个，任务单 4 张，A4 白纸 4 张，水彩笔 4 盒，跨栏 8 个（高 15 cm）。

3. 场地准备：10 m×10 m 的软质场地。

四、活动过程

（一）情境导入

师：小兔子们，现在你们盖房子的本领越来越棒了，兔妈妈今天收到邀请，隔壁村的小兔子们想请我们帮忙盖房子，你们愿意吗？那我们盖房子前，先运动运动，热热身吧。

提示：热身动作重点在腿部，可以让小朋友们向上向前跳。

师：小兔子们，这次呀，我们运砖块的路上出现了一些树枝障碍物，我们需要在跳的过程中越过这些障碍物。

请个别幼儿示范，双脚并拢向前跳一定高度，越过障碍物。

（二）游戏：盖房子

1. 游戏一：合作盖楼房。

（1）出示设计图，发布新的盖房子规则。

师：小兔子们，这次我们分成了 4 队，每队合作盖一栋房子，小兔子们要依次一个接一个地去运回砖块，每只小兔子每次只能运回一块砖，注意跳过路上的障碍物。

师：请你们看到设计图后，记住需要哪些砖块，和同伴讨论如何分工拿回砖块。跳到前面拿回需要的砖块再跳回来盖房子。明白了吗？哨声一响，立即出发，准备好了吗？

（2）师：你的房子盖成功了吗？在过障碍时有没有遇到困难？

（3）小结：要先记忆好设计图，和同伴要明确分工好各自的任务，并且记住任务，这样回来的时候才能复原设计图里的房子。

【根据幼儿游戏情况，再次游戏1次。关注幼儿动作的连贯性，是否跳到一定高度。】

2. 游戏二：合作盖小洋楼。

（1）出示新的设计图，引导幼儿完成盖小洋楼的任务。

师：小兔子们，设计师又给我们送来了一些小洋楼的设计图，我们来看一看。设计图上出现了彩色的多边形砖块。你们有信心吗？请看清设计图，听到哨声，立即出发。

（2）师：你们的任务完成了吗？我们一起对照设计图验证一下。

刚刚盖小洋楼时有没有遇到困难？【引导幼儿说出刚才遇到的困难，如记不清所有的砖块以及它们的具体位置，合作中出现记忆偏差等。】

（3）小结：原来盖好小洋楼，不仅要记住用了什么样子的砖块，还得知道每块砖用在了什么位置。

【根据幼儿游戏情况，再次尝试1次，难度可以有变化，加大难度或降低难度。】

3. 游戏三：合作设计小洋楼。

（1）幼儿合作设计小洋楼并盖楼。

师：小兔子们都很棒呀，这次呀，我给小兔子们准备了一些纸和笔，请你们来当设计师，合作设计一栋小洋楼，设计好后，合作运回对应的砖块。

（2）幼儿游戏，教师指导。

提示：设计图要根据4人记忆水平来定；游戏过程中记得双脚并拢向前跳，且要跳过障碍物。

师：这次遇到了什么困难？【引导幼儿大胆表达自己的困惑，教师和幼儿共同帮助解决。】

（3）小结：盖房子不仅需要一个人牢牢记住设计图的内容，还需要小伙伴们都能坚持准确运回砖块，才能完成盖房子的任务。

（三）结束环节

师：小兔子们今天真棒，通过自己的智慧，成功帮其他村的小兔子盖好了房子。让我们一起放松放松吧！

【场地图示】

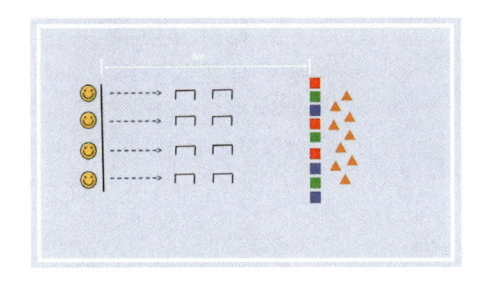

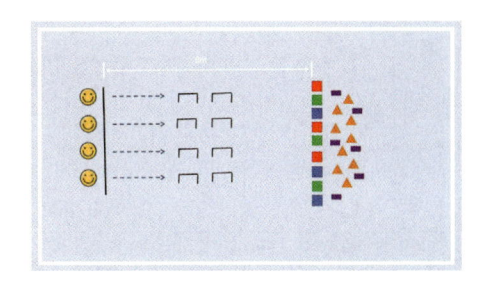

场地图示1

场地图示2

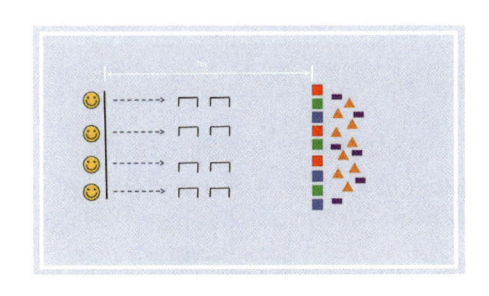

场地图示3

体育游戏观察量规

观察指标		水平1	水平2	水平3	量化
动作发展	双脚跳	连续并足跳 1—2米	连续并足跳 3—4米	连续并足跳 5—6米	

续表

观察指标		水平1	水平2	水平3	量化
动作发展	双脚跳	动作不标准，没有意识做跳的姿势	有意识地运用跳的姿势，但动作不标准	起跳时，手臂向前摆并完全超过头，脚跟先离地，身体明显前倾。前脚掌着地，手臂相向运动。双手自然摆动，保持身体平衡，动作节奏稳定	
脑智发展	记忆——空间记忆	能记住1个物体特征（如颜色、大小等）	能记住2到3个物体特征（如颜色、大小等）	能记住4个及以上物体特征（如颜色、大小等）	
	记忆——空间记忆	能记住1个物体的位置	能记住2到3个物体的位置	能记住4个及以上物体的位置	
	记忆——数字记忆	记住1个物体	能记住2到3个物体	能记住4个及以上物体	
	专注——视觉专注	能同时追踪1个目标	能同时追踪2个目标	能同时追踪3个及以上目标	

	观察指标	水平1	水平2	水平3	量化
社会情感	自我意识	不能独立进行游戏	能在老师或者同伴的帮助下进行游戏	能独立进行活动并展现自信	
	观点采择	活动时不愿意接受同伴的意见和建议	活动时能尝试接受同伴的意见和建议	活动时愿意接受同伴的意见和建议	
	沟通	活动时不能接受同伴的意见和建议	活动时愿意接受同伴的意见和建议，与同伴发生冲突时在成人的协商下解决	活动时愿意接受同伴的意见和建议，与同伴发生冲突时能自己协商解决	
	团队合作	活动时不能与同伴分工合作	活动时能与同伴分工合作，遇到困难时无法克服	活动时能与同伴分工合作，遇到困难能一起克服	

上午晨间锻炼

阶段一【D1、D2】

【方法】

在长25 m的跑道上将跳圈左右摆放。标志桶一端为起点，另一端为终点。幼儿从起点快速左右跳过圈圈，然后从旁边慢跑回起点，循环游戏。（场地图示1）

阶段二【D3、D4、D5】

【方法】

送快递：起点处摆放一个沙包，幼儿用双脚夹住沙包跳进圈里，依次进行，结束后慢跑回起点，循环游戏。（场地图示2）

【场地图示】

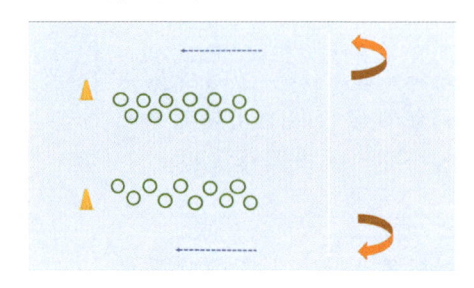

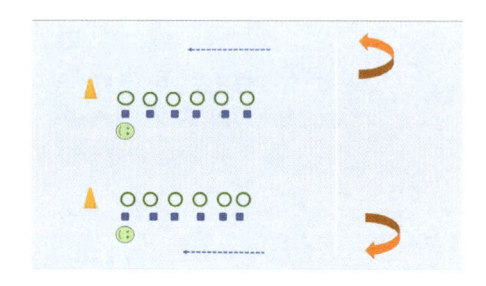

场地图示1　　　　　　　　　　　　　　场地图示2

下午体育活动

阶段一【D1、D2、D3】

【内容】小动物接力赛

【方法】

幼儿身上贴上一种颜色标记，排多路纵队进行接力赛，每次模仿小兔子的行进方式进行接力比赛，跳至前方敲击小鼓后下一人继续，要求模仿动物的动作标准，不能跑。（场地图示1）

阶段二【D4、D5】

【内容】小兔子种蘑菇

【方法】

幼儿排成多路纵队进行接力赛，一共4队（红黄蓝绿），每队5人，每队幼儿自由选择颜色，跳至前方拿取与自己小组颜色一致的物品放回自己的框里，最先完成的获胜，均衡难度，确保游戏公平。（场地图示2）

【场地图示】

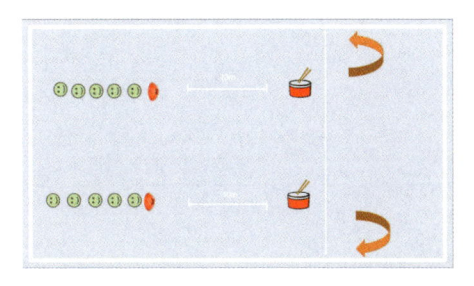

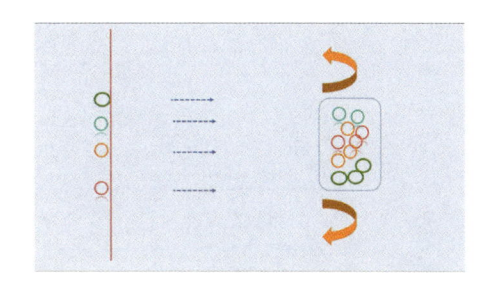

场地图示 1   场地图示 2

家庭亲子活动

【D1、D2】

你画我猜：幼儿和家长一人画，另一人猜，绘画者需要在竞猜者的后背画出动物的简笔画，竞猜者猜测其是什么动物。绘画时，绘画者不可以进行语言提示。若猜测成功，绘画者和竞猜者角色互换，继续游戏。

【D3、D4】

看谁跳得快：幼儿和家长分别扮演小兔子和黄鼠狼。小兔子根据图卡搜寻 2 种食物，当听到"黄鼠狼来啦"时，小兔子需要快速回到自己的家，回家时不能破坏动作。若破坏动作则游戏失败，角色互换。

【D5、D6、D7】

小兔子跳跳跳：幼儿和家长在家里空旷处进行模仿动物行走比赛。第一关：双脚跳到前方拿取物品，看谁先拿完。第二关：可单脚、双脚、单脚、双脚依次向前跳，听指令拿取指定物品后返回，先回来的胜利，若先回但拿错物品则视为失败。幼儿及家长交替发出口令。

密林寻宝（第一课时）

记忆	✓	
专注	✓✓✓	
反应	✓✓	基本动作能力：绕障碍跑
协调	✓✓✓	
创新		

一、活动目标

1. 知道"密林寻宝"游戏玩法，了解绕障碍跑的动作要领，理解在绕障碍跑的过程中保持专注的重要性。

2. 能正确掌握绕障碍跑的基本动作能力，尝试根据信号的提示完成相应的任务。

3. 在寻宝游戏中集中注意力，感受寻宝的快乐，增强自信心和勇气。

二、重难点

活动重点：在绕障碍跑的过程中能保持专注，并熟练掌握绕障碍跑的动作要领。

活动难点：在完成任务的过程中，能始终保持高度专注，根据信号的提示，准确且流畅地运用绕障碍跑的动作完成任务。

三、活动准备

1.经验准备：

（1）运动技能准备：幼儿有短跑、慢跑和变速跑的经验，能够控制跑步速度和节奏。

（2）知识储备：了解基本的游戏规则和听从指令的方法，知道在活动中集中注意力的重要性。

（3）生活方面：有过参与团队活动的经历，明白团队合作的意义。

2. 器材准备：红、黄、蓝、绿胸牌2套，标志桶15个，标志杆12个，轮胎2个，垫子2个，标志碟4个，山洞1个，山坡1个，各色积木若干，大鼓，小筐12个（幼儿自己做标记）。

3. 场地准备：60 m×40 m的场地，依据活动建议教师灵活调整场地布局。

四、活动过程

（一）情境导入，激发兴趣

师：小小兵们，今天我们要去森林里寻宝藏，先跟着将军去跑步热身。

【热身运动中军鼓响起，教师带领幼儿绕S弯进行慢跑，听军鼓节奏，调整跑步速度，跑的过程中经过操场上的各种器械。】

提示：军鼓敲击的速度越快，幼儿跑得就越快；军鼓敲击的速度越慢，幼儿跑得就越慢。

师：我们刚刚是怎么跑的？

（二）通过三种游戏，在绕障碍跑的过程中能始终保持高度专注，根据信号提示，完成任务

1. 游戏一：穿越树林，绕障碍跑。

师：小小兵们，我们需要绕过树林中的每一棵树，一棵都不能漏，到达对面后从旁边跑回来，和下一个队友击掌，哨声响起即刻出发。

师：你刚刚是怎么顺利通过这些小树的呢？（请幼儿做示范）

【幼儿观察障碍桩，身体紧贴小树，快速绕过。根据幼儿游戏情况，再次游戏2—3次。】

小结：要想快速通过障碍树，注意力要集中，身体紧贴着小树。（场地图示1）

2. 游戏二：密林寻宝，听口令完成相应寻宝任务。

师：现在树林发生了什么变化？

【幼儿自由尝试新路线。】

师：你们刚刚绕障碍时发现了什么，遇到这样的问题怎么办？

【引导幼儿主动讲述自己遇到的问题，比如碰撞等。】

师：请从前方宝藏中拿一个和自己胸牌颜色相同的宝石放回自己的小筐里。

师：请拿两个跟自己胸牌颜色一样的宝石放回自己的小筐里。

【引导幼儿发现并快速寻回宝石，要注意力集中，辨清宝石颜色。同伴之间相互检验。根据幼儿游戏情况，再次尝试1—2次。】

小结：障碍物变多了，距离变小了，在绕障碍跑的过程中要集中注意力，不要碰到树。

（场地图示2）

3. 游戏三：挑战密林，听口令完成相应寻宝任务。

师：有三条路线，低矮的红树林、高高的黄树林和充满陷阱的树林。现在请小小兵们选择一条路线寻宝，你为什么选择这条路线？

【幼儿观察障碍桩，讲述自己的选择。游戏2次，第一次拿一个跟自己胸牌颜色一样的宝石，第二次拿一个跟自己胸牌颜色不一样的宝石。幼儿之间互相检查拿到的宝石颜色。】

提示：如果幼儿完成情况较好，可敲击军鼓调控速度，鼓励幼儿加快速度进行绕障碍跑。

师：你们都顺利完成任务了吗？

小结：在游戏过程中小小兵们要集中注意力，不仅要判断自己的障碍路线，还要将身体紧贴小树，快速拿回宝石。

（场地图示3）

（三）结束环节

师：小小兵们，今天我们穿越了重重障碍，完成了寻宝的任务，你们真是非常勇敢和聪明，下面我们一起放松放松吧！

师：我们一起把宝石抬回去置换兵器，保家卫国！

【场地图示】

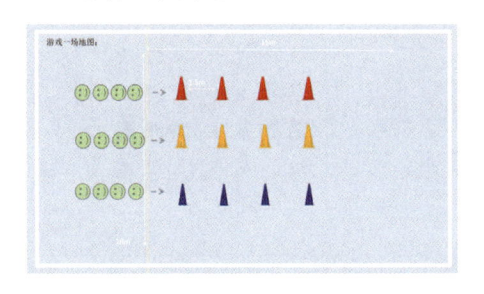

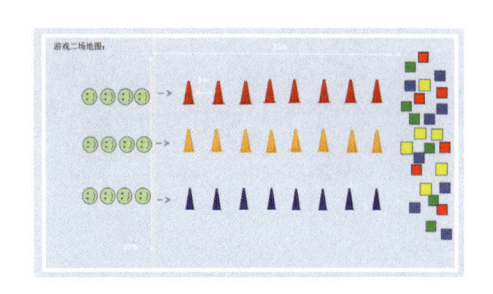

场地图示1

场地图示2

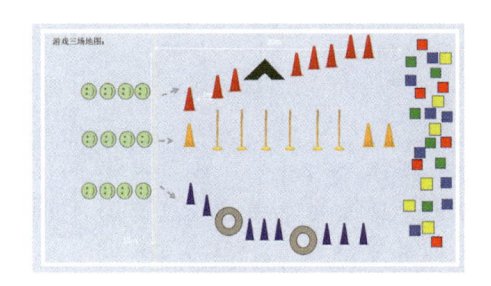

场地图示3

体育游戏观察量规

观察指标		水平1	水平2	水平3	量化
动作发展	位移动作——绕障碍跑	能进行绕障碍跑	能进行绕障碍跑	能进行绕障碍跑	

续表

观察指标		水平1	水平2	水平3	量化
动作发展	位移动作——绕障碍跑	动作不标准，没有意识做跑的姿势	有意识地运用跑步姿势，但动作不标准	准备时，躯干正直稍前倾，眼看前方。跑动时，手臂反向摆动，两臂屈肘于两侧，两手半握拳，拳眼向上；双脚使劲蹬地向前跑，前脚掌—脚跟着地，从脚跟过渡到脚趾发力	
脑智发展	专注——目标搜索	能在1—2个干扰、遮蔽中追踪当前任务相关的目标	能在众多干扰、遮蔽中准确追踪至少1个当前任务相关的目标	能在众多干扰、遮蔽中准确追踪2个及以上当前任务相关的目标	
	专注——理解指令	能听懂1句中等语速发布的指令，或在重复强调下能够听懂2—3句的连续指令	能听懂中等语速发布的2—3句连续指令，或偶尔需要重复	能听懂中等语速发布的3句以上连续指令，无须重复	
	专注——避免分心	在教师的不断提示下，能在讲解或发布指令时，集中注意力	在教师讲解或发布指令，或在其他小朋友发言时基本保持倾听，视线基本集中在发言者身上	在教师讲解或发布指令，或在其他小朋友发言时保持倾听，视线始终集中在发言者身上	

续表

观察指标		水平1	水平2	水平3	量化
脑智发展	专注——视听一致	能断续地将自己的视线聚焦到目标物体或人物身上，会出现跳跃性或错失目标的情况	能持续地将自己的视线跟随情节变化聚焦到目标物体或人物身上，但会错失部分目标	能根据教师描述的任务情节变化始终将视线追随目标物体或人物	
社会情感	自信	不相信自己能从事活动	能在成人的帮助下从事活动并肯定自己	能独立从事活动并展现自信	
社会情感	自我效能感	能在成人的引导下承担任务，并在帮助下完成	主动承担任务，遇到困难能寻求帮助并坚持完成	主动承担任务，遇到困难能够坚持而不轻易求助	
社会情感	观点采择	活动时不愿意接受同伴的意见和建议	活动时能尝试接受同伴的意见和建议	活动时愿意接受同伴的意见和建议	

上午晨间锻炼

阶段一【D1、D2】

【方法】

4个标志桶间隔1 m呈直线并排摆放，幼儿从起点出发，快速绕过每一个标志桶。

【场地图示】

阶段二【D3、D4、D5】

【方法】

8个标志桶间隔0.5 m呈直线并排摆放，幼儿从起点出发，快速绕过每一个标志桶。

【场地图示】

下午体育活动

阶段一【D1、D2】

【内容】穿越密林

【方法】

4个标志桶间隔1 m呈直线并排摆放，幼儿从起点出发，快速绕过每一个标志桶。

【场地图示】

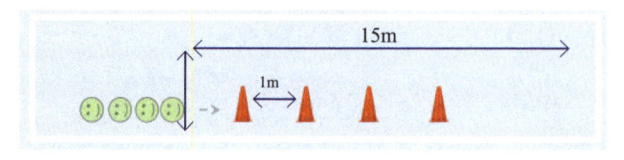

阶段二【D3、D4、D5】

【内容】密林寻宝

【方法】

8个标志桶间隔 0.5 m 呈直线并排摆放，幼儿从起点出发，快速绕过每一个标志桶，并能按指令完成任务。

【场地图示】

家庭亲子活动

【D1、D2】

穿越椅子阵：将4把小椅子间隔摆放，幼儿快速绕过椅子。

【D3、D4】

小小快递员：将饮料瓶或者油桶作为障碍物间隔摆放，纸盒或者面纸作为快递，幼儿快速绕过障碍将快递运至终点。

分成2组，家长可以和孩子进行比赛，看谁运的快递多。

【D5、D6、D7】

智勇大闯关：分成2组，将饮料瓶或者油桶作为障碍物间隔摆放，可根据空间适当增加障碍物数量，在终点处摆放盲卡，两组同时出发，先到终点者可以抽取一张盲卡（盲卡上可以画上奖励内容），输的将获得小惩罚（如原地转3圈等）。

密林寻宝（第二课时）

记忆	✓	
专注	✓✓✓✓	
反应	✓✓	基本动作能力：绕障碍跑
协调	✓✓✓	
创新		

一、活动目标

1. 理解游戏信号及规则，明确绕障碍跑时身体与障碍物要保持适当距离。

2. 观察并准确对游戏信号做出反应，熟练、灵活地完成绕障碍跑动作，能与同伴协作制定并执行寻宝策略。

3. 感受与同伴合作寻宝成功的快乐，增强集体归属感与自信。

二、重难点

活动重点：理解游戏信号，能依据游戏信号迅速绕过障碍并将宝藏寻回。

活动难点：障碍物变化时能集中注意力进行绕障碍跑，并完成相应的任务。

三、活动准备

1. 经验准备：

（1）运动技能准备：有绕障碍跑与接力跑的经验。

（2）知识储备：知道密林里树木多，需要绕障碍才能到达对面。

（3）生活方面：有和同伴一同合作游戏的经历。

2. 器材准备：分队服（红、黄、蓝各4件，分别标有1—4号），红、黄、蓝、绿标志盘各8个，标志桶24个，2折迷彩海绵垫8块，轮胎1个，标志杆6根，黑板1个，任务单，热身音乐、放松音乐、风的音效。

3. 场地准备：60 m×40 m的场地，教师可依据活动需要灵活调整场地布局。

四、活动过程

（一）热身慢跑，回忆上节课的内容，激发幼儿活动兴趣

师：上节课，我们在森林里寻找到了许多宝贝，还记得我们是怎么寻找到的吗？今天我们又要来寻宝啦，我们先来热热身。

【幼儿跟着教师绕场地慢跑热身，认识活动场地。】

（二）巩固绕障碍跑，并能理解游戏信号，能依据游戏信号迅速绕过障碍并将宝贝寻回

1. 游戏一：回顾游戏，发现障碍物数量上的变化。（场地图示1）

这次寻宝难度升级了，你们能顺利完成吗？

师：你们发现森林有什么变化？有信心通过并拿到宝贝吗？

【幼儿听到哨声后出发，拿一个跟自己队服颜色一样的宝贝。】

提示：完成任务后，幼儿从场地外围返回队伍，避免游戏中产生碰撞。

师：你刚刚是怎么顺利通过这些小树的呢？（请幼儿做示范）

【根据幼儿游戏情况，再次游戏1—2次。】

小结：障碍物变多了，我们要集中注意力进行绕障碍跑，身体要贴近小树。

【预判问题及处理：

问题：幼儿出现漏绕障碍的情况。

处理：请幼儿做出正确示范，并提醒漏绕的幼儿每一个障碍都要绕过。】

2. 游戏二：难度升级，增加迷彩海绵垫。（场地图示2）

师：森林里出现了很大的树，过障碍时要注意什么？

【幼儿拿两个宝石，一个跟自己队服颜色一样，另一个跟自己队服颜色不一样，听哨声出发。】

师：你们有没有遇到困难？你们是怎么做的？

【根据幼儿游戏情况，再次尝试1—2次。】

小结：障碍物变大了，我们绕的幅度也要变大。

3. 游戏三：增加标志杆，感受障碍物不同的行径轨迹。（场地图示3）

师：森林里现在出现了细细高高的树，我们要怎么绕过呢？

【出示任务单图示1，记住自己需要拿的宝贝，听哨声立即出发。

根据幼儿游戏情况，再次尝试1—2次。】

【预判问题及处理：

问题：幼儿看任务单时不专注，忘记了自己的任务。

处理：看完任务单后，请幼儿复述自己的任务。】

小结：先看任务单，记住内容，面对不同的挑战要提前思考清楚。

4. 游戏四：小组合作分工寻宝。（场地图示4）

师：我们的密林寻宝来到了最后一关，需要各小组合作，根据任务单的提示摆出对应的宝石阵，方可完成此次寻宝任务。

【出示任务单图示2，看清楚颜色和数量，小组成员商量好自己拿什么，听见哨声立即出发，根据幼儿游戏情况，再次尝试1—2次。】

【预判问题及处理：

问题：小组分工不明确。

处理：每组安排一名小组长，负责商量与安排。】

小结：寻宝过程中需要仔细观察任务单，小组成员一起商量，确定好自己的任务后再出发。

（三）结束环节

师：今天我们顺利完成了寻宝任务，大家任务完成得都很棒，我们一起放松放松吧。

【场地图示】

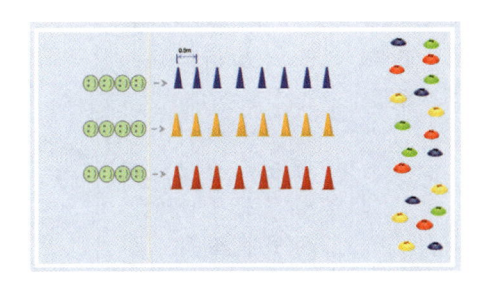

场地图示 1

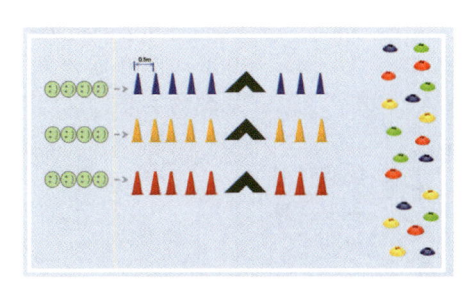

场地图示 2

场地图示 3

场地图示 4

【任务单图示】

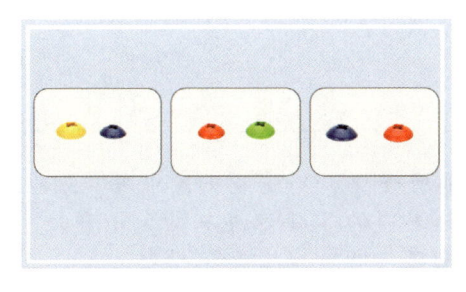

任务单图示 1

任务单图示 2

体育游戏观察量规

观察指标		水平 1	水平 2	水平 3	量化
动作发展	位移动作——绕障碍跑	能进行绕障碍跑。动作不标准，没有意识做跑的姿势	能进行绕障碍跑。有意识地运用跑步姿势，但动作不标准	能进行绕障碍跑。准备时，躯干正直稍前倾，眼看前方。跑动时，手臂反向摆动，两臂屈肘于两侧，两手半握拳，拳眼向上；双脚使劲蹬地向前跑，前脚掌——脚跟着地，从脚跟过渡到脚趾发力	
脑智发展	专注——目标搜索	能在1—2个干扰、遮蔽中追踪当前任务相关的目标（物体或人物）	能在众多干扰、遮蔽中准确追踪至少1个当前任务相关的目标（物体或人物）	能在众多干扰、遮蔽中准确追踪2个及以上当前任务相关的目标（物体或人物）	
	专注——理解指令	能听懂1句中等语速发布的指令，或在重复强调下能够听懂2—3句的连续指令	能听懂中等语速发布的2—3句连续指令，或偶尔需要重复	能听懂中等语速发布的3句以上连续指令，无须重复	

续表

观察指标		水平1	水平2	水平3	量化
脑智发展	专注——避免分心	在教师的不断提示下，能在讲解或发布指令时，集中注意力	在教师讲解或发布指令，或在其他小朋友发言时基本保持倾听，视线基本集中在发言者身上	在教师讲解或发布指令，或在其他小朋友发言时保持倾听，视线始终集中在发言者身上	
	专注——视听一致	能断续地将自己的视线聚焦到目标物体或人物身上，会出现跳跃性或错失目标的情况	能持续地将自己的视线跟随情节变化聚焦到目标物体或人物身上，但会错失部分目标	能根据教师描述的任务情节变化始终将视线追随目标物体或人物	
	记忆——视听抑制	在面对复杂视觉和听觉信息时，在提示下才能选取和处理关键信息	在面对复杂视觉和听觉信息时，能选取和处理部分关键信息	在面对复杂视觉和听觉信息时，能高效选取和处理关键信息	
社会情感	自信	不相信自己能从事活动	能在成人的帮助下从事活动并肯定自己	能独立从事活动并展现自信	
	自我效能感	能在成人的引导下承担任务，并在帮助下完成	主动承担任务，遇到困难能寻求帮助并坚持完成	主动承担任务，遇到困难能够坚持而不轻易求助	

续表

	观察指标	水平1	水平2	水平3	量化
社会情感	观点采择	活动时不愿意接受同伴的意见和建议	活动时能尝试接受同伴的意见和建议	活动时愿意接受同伴的意见和建议	
	团队合作	活动时不能与同伴分工合作	活动时能与同伴分工合作，遇到困难时无法克服	活动时能与同伴分工合作，遇到困难能一起克服	

上午晨间锻炼

阶段一【D1、D2】

【内容】密林探险

【方法】

8个标志桶间隔0.5 m呈直线并排摆放，幼儿从起点出发，快速绕过每一个标志桶。

【场地图示】

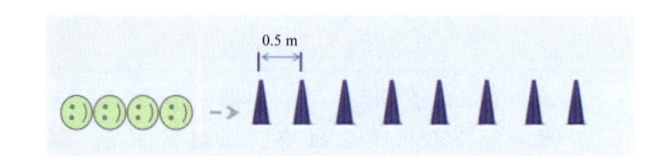

阶段二【D3、D4、D5】

【内容】密林寻宝

【方法】

8个标志桶和1个2折迷彩海绵垫间隔0.5 m呈直线并排摆放，幼儿从起点出发，快速绕过每一个障碍物。

【场地图示】

下午体育活动

阶段一【D1、D2】

【内容】绕桩高手

【方法】

8个标志桶间隔0.5 m呈直线并排摆放，幼儿从起点出发，快速绕过每一个标志桶。

【场地图示】

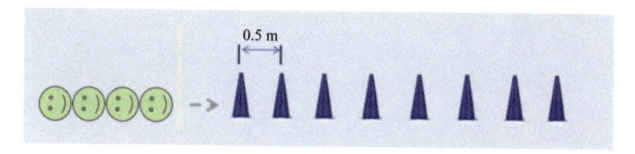

阶段二【D3、D4、D5】

【内容】绕桩夺宝

【方法】

4个标志桶、1个2折迷彩海绵垫、1个轮胎和2个标志杆间隔0.5 m呈交错摆放，幼儿从起点出发，快速绕过每一个障碍物，并能按指令完成任务。

【场地图示】

家庭亲子活动

【D1、D2】

绕障碍：将纸巾错位摆放，幼儿快速绕过纸巾。

【D3、D4】

1. "乌龟"爬障碍：将纸巾错位摆放，幼儿快速手膝爬绕过纸巾。

2. "小兔"跳障碍：将纸巾错位摆放，幼儿快速双脚跳绕过纸巾。

【D5、D6、D7】

拍球绕障碍：幼儿拍球绕障碍，家长计数。

购物小能手（第一课时）

记忆	
专注	✓✓
反应	✓✓✓✓
协调	✓✓
创新	✓

基本动作能力：绕障碍跑

一、活动目标

1. 在跑步的过程中能够调整身体姿势和步伐，绕过障碍物平稳前进。
2. 在跑动的过程中能根据图片指示找出相应的物品，动作协调灵敏。
3. 喜欢参与体育游戏，能感受到顺利完成任务的自豪。

二、重难点

活动重点：理解游戏规则，能够迅速做出反应，绕过障碍物前进。

活动难点：绕障碍物跑的过程中能根据购物任务单迅速做出反应，找到相应的商品。

三、活动准备

1. 经验准备：

（1）运动技能准备：幼儿有跑步的经验能力。

（2）知识储备（游戏准备）：认识常见的日用商品。

（3）经历（生活方面）：有分组的经验，能根据队服，知道自己的小组和对应的号码。

2. 器材准备：分队服（红、蓝、绿色各4件，分别标有1—4号），红、蓝、绿色的三角标志桶（高度为35 cm），商品图片（茄子、西瓜、草莓、苹果、香蕉、青菜、胡萝卜），塑料收纳筐（3个，长70 cm，宽60 cm，高50 cm），任务单牌（3个，长35 cm，宽25 cm）。

3. 场地准备：15 m×20 m 的空旷场地。

四、活动过程

(一) 情景引入、激发幼儿活动兴趣

师：小朋友们，今天老师要带你们去超市购物，出发之前先让我们的身体热起来吧。

【"红绿灯"热身游戏：红灯停下，绿灯跑步。】

师：小朋友们，请你们跑过去摸对面的标志桶，再跑回来和下一个小朋友击掌。

【幼儿分成红、蓝、绿3组，每组4位小朋友，游戏1次。】

师：跑的过程中你发现了什么，怎样才能跑得快？

小结：起跑时前脚掌着地，膝盖微曲，双手自然摆臂，快到对面标志桶时速度要稍慢一点下来，要记得和下一个小朋友击掌。

(二) 通过三种游戏、巩固绕障碍跑、提高反应能力

师：场地上多了些障碍物，我们需要绕过这些障碍物去超市，然后快速地跑回来。

1. 游戏一：看信号拿1个商品。（场地图示1）

(1) 分组练习，熟悉路线。

师：请每组的小朋友们先尝试一下，先结束的小组举手。

师：你们发现了什么？【怎样避开障碍物？】

提示：幼儿需绕过每一个标志桶。

小结：在跑步时要注视前方，遇到障碍物时要提前减速、变向，用小、快的步伐绕过障碍物，保持身体平衡。要注意每一个障碍物都要绕过去，不能漏。

【预设问题及处理：

问题：有的幼儿未绕过锥形桶。

处理：幼儿做示范，引导其他幼儿观察学习。】

（2）分组游戏。

师：请小朋友们看清任务单，按照任务单拿好相应物品后快速地跑回来和下一个小朋友击掌，再把物品贴到画板上，看看哪组小朋友拿得又快又准确。

师：你们怎样才能拿得又快又准？

提示：引导幼儿发现要集中注意力仔细看图片，并迅速做出反应才能拿得又快又准，同时巩固绕障碍跑。

小结：在这个过程中，幼儿自查、互相检查拿的物品是否正确。

2. 游戏二：看信号拿2个相同商品。（场地图示2）

师：障碍物变多了，我们要集中注意力仔细观察前方，并仔细看任务单上的商品。

提示：集中注意力，仔细看任务单。

师：刚刚你们拿商品时发生了什么问题？

【引导幼儿主动讲述自己遇到的问题，比如没仔细看、撞到障碍物等。】

师：我们可以怎么办？有什么好办法？

【引导幼儿发现注意力一定要集中，跑步时也要提前判断前方路况，做出相应的反应。】

3. 游戏三：看信号拿2个不同商品。（场地图示3）

（1）分组练习，熟悉路线。

师：这一次我们的场地又发生了什么变化？怎样才能顺利通过呢？

【引导幼儿主动讲述：障碍物不仅变多了，而且每个之间的距离也不完

全一样。】

师：请小朋友们自己去挑一条路线试一试，尝试完回到原地。

（2）分组游戏。

师：接下来，我们继续购物，注意看前方的任务单。

师：哪些小组顺利完成了刚刚的挑战？没有完成的小组遇到了什么问题？

【引导幼儿发现问题，如拿错物品、撞到障碍物等，共同讨论原因。】

小结：这一次的游戏小朋友们跑的时候要注意及时预判前方障碍物距离，及时扭转身体变换方向。

(三) 结束环节

师：小朋友们，今天我们买了这么多商品，辛苦大家了，我们一起放松放松吧！

【场地图示】

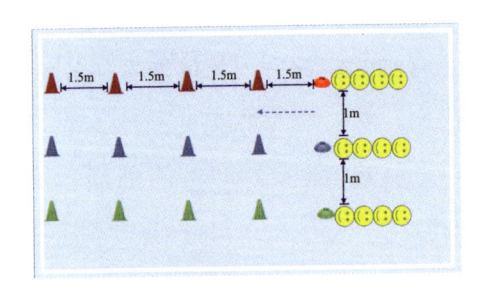

场地图示1

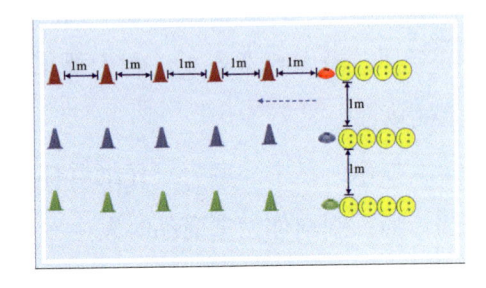

场地图示2

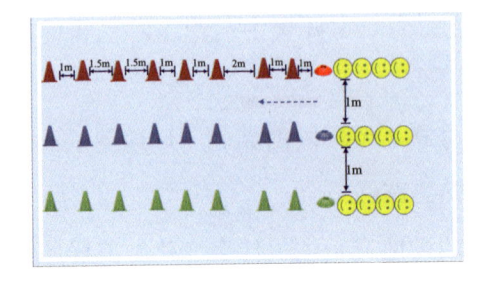

场地图示3

【任务单图示】

任务单图示1

任务单图示2

任务单图示3

体育游戏观察量规

观察指标		水平1	水平2	水平3	量化
动作发展	位移动作——绕障碍跑	不能掌握绕障碍跑的动作要领	在成人提醒下，调整绕障碍跑的动作	游戏全程绕障碍跑动作准确，能够掌握动作要领	
		准备时不专注，准备动作不正确	准备时能够认真准备，身体正直前倾，在提醒下目视目标处	准备时专注认真，躯干正直稍前倾，眼看前方	

续表

观察指标		水平1	水平2	水平3	量化
动作发展	位移动作——绕障碍跑	跑动时四肢不协调，不能绕过障碍物，成人示范指导无效	跑动时动作不正确，基本能绕过障碍物，在指导下能够调整姿势	跑动时，手臂反向摆动两臂屈肘于两侧，两手半握拳，拳眼向上；提前观察、保持专注，掌握正确的侧移技巧以安全绕行	
脑智发展	反应——属性判断	能判断目标大小、颜色、形状等1—2个特征	能根据任务要求对当前目标进行判断，偶尔在目标大小、颜色、形状等特征上出现部分错误	能根据任务要求对当前目标进行准确判断	
	反应——空间判断	能判断1—2个目标的数量、位置、线路及范围，可能对线路和范围判断出现偏差	能判断3—5个目标的数量、位置、线路及范围，可能对范围判断出现偏差	能精准判断目标的数量、位置、线路及范围	
	反应——起止判断	对有清晰标志的开始和结束有一定的概念，存在抢先或迟滞等行为	能够理解任务的开始和结束，在教师的要求下能够克制抢先等冲动行为	能够理解任务的开始和结束，无抢先或迟滞等行为	

续表

观察指标		水平 1	水平 2	水平 3	量化
脑智发展	反应——规则理解	能记住规则中的重要信息	能完整记住规则中的信息，并在行动中有所体现	能完整记住多重复杂规则，并在行动中准确执行	
	反应——规则变化	没有关注任务规则发生变化	能关注任务规则发生变化，无法调整行为	能随任务规则变化而及时调整行为	
社会情感	冲动控制	不能适应与接受活动上的改变	能在外界的引导下适应和接受活动上的改变	能适应与接受活动上的改变	
	目标设定	不能持续专注地做一件事情（20—30分钟）	遇到问题能在成人的引导下持续专注地做一件事情（20—30分钟）	即使遇到问题也能持续专注地做一件事情（20—30分钟）	

上午晨间锻炼

阶段一【D1、D2、D3】

【方法】

幼儿跑步绕过每一个障碍物，保证障碍物不被碰倒。（场地图示1）

阶段二【D4、D5】

【方法】

幼儿跑步绕过每个障碍物后到前方拿走一个指定颜色的标志碟。（场地图示 2）

【场地图示】

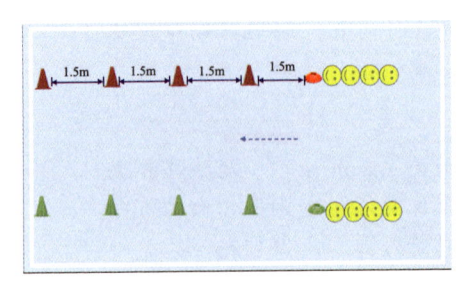

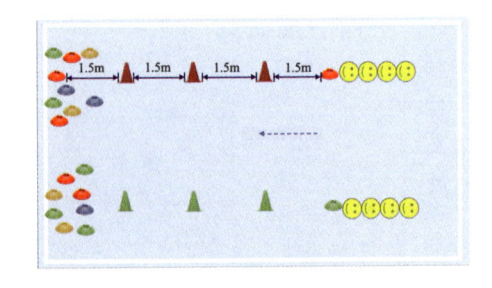

场地图示 1

场地图示 2

下午体育活动

阶段一【D1、D2、D3】

【内容】扫雷 1

【方法】

幼儿跑步绕过每个障碍物后到前方拿走一个"地雷"。

阶段二【D4、D5】

【内容】扫雷 2

【方法】

幼儿跑步绕过每个障碍物后到前方拿走两个指定颜色的"地雷"。

【场地图示】

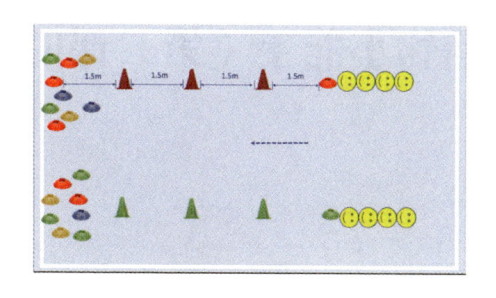

家庭亲子活动

【D1、D2】

障碍高手1：将鞋盒按一定的距离进行铺摆、堆叠，幼儿绕过障碍。

【D3、D4】

障碍高手2：增加障碍物塑料瓶，将塑料瓶、鞋盒之间的距离变小进行铺摆、堆叠，幼儿绕过障碍。

障碍高手3：将塑料瓶、鞋盒之间的距离调整成有的大、有的小，进行铺摆、堆叠，幼儿绕过障碍。

【D5、D6、D7】

障碍高手4：幼儿自主设计路线摆放、堆叠障碍物，顺利绕过障碍。

购物小能手（第二课时）

记忆	✓✓✓✓	
专注	✓✓	基本动作能力：绕障碍跑
反应	✓✓✓	
协调	✓✓	
创新		

一、活动目标

1. 在跑步过程中能够调整身体姿势和步伐，绕障碍物折返跑。

2. 在活动过程中能够自主规划路线，根据任务单内容按顺序排列目标物品。

3. 在收到信号时不慌张，喜欢参加活动，体验体育游戏的快乐。

二、重难点

活动重点：能够集中注意力，快速、准确地绕过每个障碍物。

活动难点：理解任务单内容，合理规划行进路线，并按要求将目标物品正确排序。

三、活动准备

1. 经验准备：

（1）运动技能：已掌握跑步的基本方法。

（2）知识储备：能够观察物体基本形态、颜色特征。

（3）经验准备：已参加过《购物小能手》（第一课时）的活动。

2. 器材准备：分队服（红、黄、蓝、绿各4件，每种颜色分别标有1—4号），15 cm高的红、黄、蓝、绿标志桶若干，矮桌4张（高80 cm），红绿灯指示牌1份。

3. 场地准备：空旷场地，在去往"货物"所在地的路途间摆放障碍物。

四、活动过程

（一）情景引入，激发幼儿活动兴趣

师：小朋友们，今天我们又要去超市啦，这回的任务更有挑战性，让我们出发去超市吧！【"红绿灯"热身游戏：绕场慢跑，过程中幼儿观察教师手上的红绿灯指示牌或跑或停。】

【幼儿分成红、黄、蓝、绿4组，每组4位小朋友，游戏1次。】

师：我是超市的店长，你们是小小理货员，需要帮我补充卖完的商品。绕开所有障碍物拿任意两个你喜欢的物品，放在超市的货架上，再和下一个小朋友击掌交换吧。你们准备好了吗？

小结：我们要始终注视前方，提前预判好障碍物的位置、距离，遇到障碍物时我们要提前减速、变向，小心并快速地移动来绕过障碍物，同时保持身体平衡。

（二）通过三个游戏，自主规划路线，根据任务单内容按顺序排列目标商品

师：现在，店长我为你们准备了整理货架的任务单，需要你们按照任务单摆好指定的商品。你们发现这个任务单有什么特点吗？

1. 游戏一：按照任务单要求拿取2个商品，并按照任务单顺序排列。

师：接下来的任务就更有挑战性了，我们要拿到任务单上的两种商品，并按照顺序摆放到每一排货架上面，把商品按顺序放在和自己号码相同的那一排。你们准备好了吗？

【幼儿按照印有不同颜色、顺序的任务单出发,并拿取指定标志物返回,按照任务单内容排序。】

师:检查一下,你们成功完成任务了吗?你们是怎么做的?

小结:我们要记住自己的任务单内容,在跑的过程中集中注意力看前方,寻找并拿取任务单上的商品后快速返回,并且按照顺序放回货架上。

2. 游戏二:按照任务单内容拿取3个指定商品,并按照任务单顺序排列。

师:现在,来买东西的人更多了,需要补充更多的商品。这回需要小小理货员们按照任务单内容拿取3个指定商品,并按照顺序摆放到货架上。你们准备好了吗?

【幼儿按照印有不同颜色、顺序的任务单出发,并拿取指定标志物返回,按照任务单内容排序。】

提示:记忆任务单的内容,自主规划路线,有目的地出发。

师:请检查一下,你们的商品摆放得正确吗?你们遇到了什么问题呢?该怎么解决呢?

小结:在记忆任务单内容时,按照任务单上的商品顺序依次拿取。

3. 游戏三:短时间看信号拿取3个指定商品,并按照任务单顺序排列。

师:这一次,任务单在前方工作人员的手上,需要你们仔细地观察,根据工作人员的指示把商品放到货架上。我们四组理货员一起来比比看谁放得又快又好吧!准备好了吗?

【教师出示任务单,并随即将其收纳,幼儿按照印有不同颜色、顺序的任务单出发,并拿取指定标志物返回,按照任务单内容排序。】

(游戏1—2次)

小结:时间很短的时候,需要仔细观察任务单,并记住要拿的东西,提前想好自己的路线进行游戏。

（三）结束环节

师：小朋友们，今天我们买了这么多商品，辛苦大家了，我们一起放松放松吧！

【场地图示】

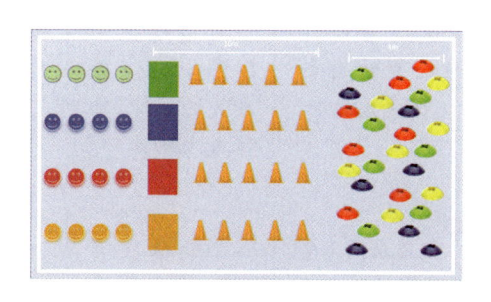

体育游戏观察量规

观察指标		水平 1	水平 2	水平 3	量化
动作发展	位移动作——绕障碍跑	能进行绕障碍跑、折返跑、四散跑等多种形式的跑。动作不标准，没有意识做跑的姿势	能进行绕障碍跑、折返跑、四散跑等多种形式的跑。有意识地运用跑步姿势，但动作不标准	能进行绕障碍跑。准备时，躯干正直稍前倾，眼看前方。跑动时，手臂反向摆动，两臂屈肘于两侧，两手半握拳，拳眼向上；双脚使劲蹬地向前跑，前脚掌—脚跟着地，从脚跟过渡到脚趾发力	

续表

观察指标		水平1	水平2	水平3	量化
脑智发展	专注——目标追踪	能在1—2个干扰、遮蔽中追踪当前任务相关的目标（物体或人物）	能在众多干扰、遮蔽中准确追踪至少1个当前任务相关的目标（物体或人物）	能在众多干扰、遮蔽中准确追踪至少2个当前任务相关的目标（物体或人物）	
	专注——目标搜索	能从同类型物体中快速检索出1个特定目标	能从同类型物体中快速检索出2个特定目标	能从同类型物体中快速检索出3个及以上特定目标	
	记忆——空间记忆	能记住1个物体特征（如颜色、大小等）	能记住2到3个物体特征（如颜色、大小等）	能区别物体之间细微的差异，能记住4个及以上物体特征（如颜色、大小等）	
	反应——空间判断	能判断1—2个目标的数量、位置、线路及范围，可能对线路和范围的判断出现偏差	能判断3—5个目标的数量、位置、线路及范围，可能对范围的判断出现偏差	能精准判断目标的数量、位置、线路及范围	
社会情感	自信	不相信自己能从事活动	能在成人的帮助下从事活动并肯定自己	能独立从事活动并展现自信	

续表

观察指标		水平 1	水平 2	水平 3	量化
社会情感	自我效能感	能在成人的引导下承担任务，并在帮助下完成	主动承担任务，遇到困难能寻求帮助并坚持完成	主动承担任务，遇到困难能够坚持而不轻易求助	
	自我激励	不能开展活动	能在成人的激励下开展活动，肯定自己	主动寻求并开展活动，有自豪感	

上午晨间锻炼

阶段一【D1、D2】

【内容】

绕障碍物跑，拿取 3 个颜色不同的物品。

【方法】

幼儿跑步绕过每一个障碍物，保证障碍物不被碰倒，根据任务单拿取 3 个颜色不同的物品并返回。

阶段二【D3、D4、D5】

【内容】

绕障碍物跑，不同颜色的物品各拿一个并返回。

【方法】

幼儿跑步绕过每一个障碍物，保证障碍物不被碰倒，不同颜色的物品各拿一个并返回。

【场地图示】

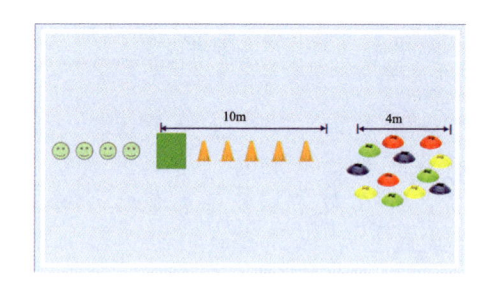

下午体育活动

阶段一【D1、D2】

【内容】

绕障碍物跑，拿取 3 个物品并按顺序排列。

【方法】

幼儿跑步绕过每一个障碍物，保证障碍物不被碰倒，根据任务单拿取 3 个指定物品并按照规定顺序排列。

阶段二【D3、D4、D5】

【内容】绕障碍物跑，拿取 4 个物品并按顺序排列。

【方法】幼儿跑步绕过每一个障碍物，保证障碍物不被碰倒，根据任务单拿取 4 个指定物品并按照规定顺序排列。

【场地图示】

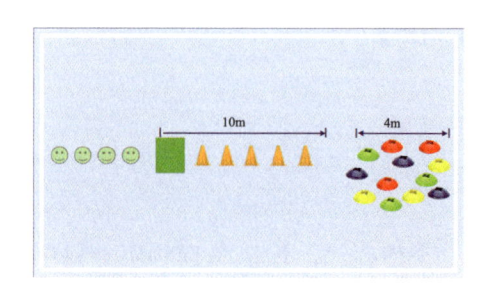

家庭亲子活动

【D1、D2】

将鞋盒按一定的距离进行铺摆、堆叠，幼儿绕过障碍，拿取家长指定的物品。

【D3、D4】

1. 增加障碍物塑料瓶，将塑料瓶、鞋盒之间的距离变小进行铺摆、堆叠，幼儿绕过障碍，并按照家长的指示拿取3个指定物品并按顺序排列。

2. 保持前一个活动的路线设计，幼儿根据家长的指示，拿取4个物品并按顺序排列。

【D5、D6、D7】

保持前一个活动的路线设计，家长藏起一件物品，幼儿根据家长指示，拿取物品并按顺序排列，并猜出家长藏起的是任务里的哪一件物品。

功夫熊猫（第一课时）

记忆		基本动作能力：双脚并拢在直线两侧行进跳
专注	✓	
反应	✓✓	
协调	✓✓✓	
创新		

一、活动目标

1. 熟练掌握双脚并拢在直线两侧行进跳的动作要领。
2. 能够注意观察并灵活调整肢体动作，身体协调灵活。
3. 在解救游戏中感受到帮助他人的快乐。

二、重难点

活动重点：不断提升双脚并拢在直线两侧行进跳的动作技能和身体协调性。

活动难点：能够因直线两侧垫子的远近变化调整腿部跳跃的力度，双脚不变化方向侧身跳到相应的垫子上。

三、活动准备

1. 经验准备：

（1）运动技能准备：幼儿有双脚并拢连续向前跳的动作经验。

（2）知识准备：了解功夫熊猫这个角色。

（3）经历：有等前一个同伴回来后再出发以及听到"哨音"再出发的游戏经验。

2. 器材准备：圆形平面垫（直径 23 cm，红色 20 个，蓝色 25 个），标志桶（高度 18 cm，60 个），玩偶 60 个，手脚纸板垫 12 张，藤竹房子 1 个，平衡木 1 个，板凳 2 张，迷彩垫 2 张。

3. 场地准备：塑胶地（8 m×10 m）。

四、活动过程

（一）游戏情景引入，激发幼儿活动兴趣

热身活动。

师：功夫熊猫们，用我们的功夫动作一起来展示吧！

【幼儿散点站在场地四周，弓箭步、单脚跳、双脚并拢跳、听信号跳。】

（二）自由尝试，引出左右行进跳

1. 播放音频。

师：听，什么紧急情况？

【幼儿重复，清楚任务。】

2. 自由尝试，熟悉游戏场地。

师：瞧！他们就被困在前面一个个陷阱里，需要通过河中的石头过河，推倒陷阱救出他们，你们有什么好方法通过？

师：请自由选择一条路线，每队 4 人，每次解救 1 个小动物，完成者站在英雄线上等待。

【幼儿自由选择路线去解救动物。】（场地图示 1）

3. 初步了解左右行进跳的动作要领。

师：你们真厉害！解救出了一批小动物，刚刚你们用了哪种功夫过河的？

【幼儿个别展示。】

师：这位熊猫的功夫有些特别，他是怎么做的？

【引导幼儿说一说双脚并拢、一左一右、红蓝交替地往前跳。】

小结：双脚并拢，一左一右向前跳。

【预判问题及处理：当出现双脚一前一后落地时，可通过语言提示、同伴之间互相学习动作来解决。】

【幼儿原地试一试。】

师：这次，我们使用这种功夫过河拯救小动物！请再次自由选择路线，可尝试新的路线。

【幼儿自由选择路线去解救动物。】（场地图示2）

提示：双脚并拢，一左一右向前跳，双脚同时落地。

（三）熟练运用左右行进跳过河，并手脚协调对应标记摆出相应的姿势

增加情境，熟练掌握动作。

师：功夫熊猫们，为了救更多小动物，需要提升能量，请站在能量板上做出任意一个能量动作。能量动作图有4幅，图越少，能量越大。

【幼儿原地试一试4幅能量动作图中的动作。】

师：请自由选择一条路线，在能量板上做对动作才能提升功力！

【幼儿自由选择路线去解救动物。】（场地图示3）

提示：仔细观察图示内容，协调地摆出动作。

师：你选择的能量动作是哪一个？怎么保持身体不倒的？

【教师和幼儿讨论：幼儿个别展示，自由表达，对照图示摆出姿势，保持身体不晃动。】

（四）增加石头之间的间距，再次尝试左右行进跳

挑战难度，巩固动作。

师：功夫熊猫们，你们的功力现在太强了！瞧！石头被河水冲得距离更远了，你们敢挑战吗？请选择一条路线，试一试！

【幼儿自由选择路线去解救动物。】（场地图示4）

师：刚刚你选择了哪条路线？你是怎么做到的？

【教师和幼儿讨论：秘诀是腿部用力蹬地才能跳得远。】

【再次尝试。】

【幼儿自由选择路线去解救动物。】

提示：落点时，能够双脚落在直线同侧，反复连贯地沿着直线两侧行进跳。

（五）大循环游戏，送小动物回家

组合游戏。

师：熊猫们，你们通过自己的坚持，学到了这么多功夫，解救了小动物们，成为真正的功夫大师！这是终极挑战，我们要把解救的小动物送回家。你们准备好了吗？

【幼儿自由选择一条路线，每次送2个小动物回家。】（场地图示5）

（六）结束环节

师：感谢功夫大师们解救了小动物们，你们是真正的勇士！我们一起放松一下身体！

【一边放松，一边聊天回顾。】

小结：在双脚并拢在直线两侧行进跳时，双脚并拢、同时落地，保持身体平衡。

【场地图示】

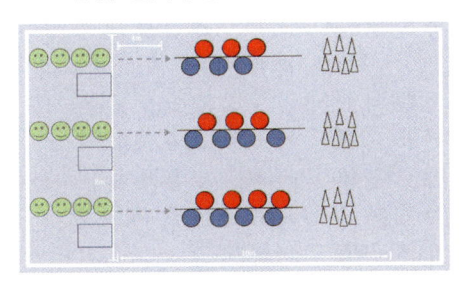

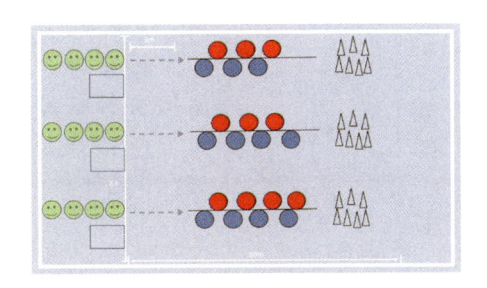

场地图示1

场地图示2

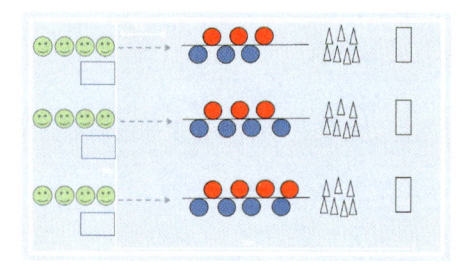

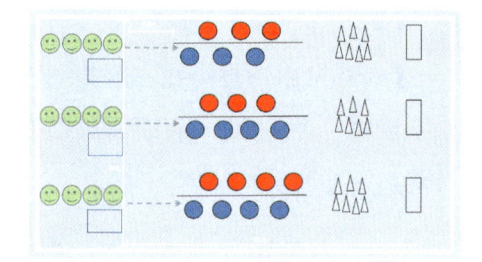

场地图示 3

场地图示 4

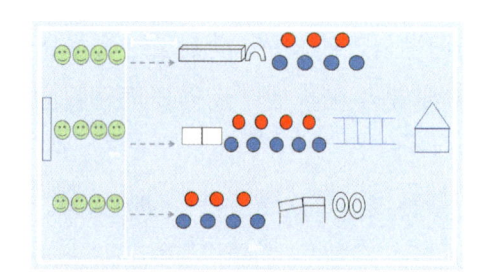

场地图示 5

体育游戏观察量规

观察指标		水平 1	水平 2	水平 3	量化
动作发展	位移动作——左右行进跳	不能掌握双脚并拢在直线两侧行进跳的动作要领。起跳前，能够身体保持正直，抬头挺胸，目视前方	在成人提醒下，调整双脚并拢在直线两侧行进跳的动作。起跳时，双脚并拢，微微屈膝，身体向上向前跳，保持身体平衡和双脚并拢的状态	游戏全程双脚并拢在直线两侧行进跳的动作准确，能够掌握动作要领。落点时，能够双脚落在直线同侧，反复连贯地沿着直线两侧行进跳	

续表

	观察指标	水平1	水平2	水平3	量化
脑智发展	协调——左右配合	左右身体不协调，无法配合完成游戏任务	左右身体能配合完成游戏任务，但配合不协调	左右身体能协调配合完成游戏任务	
脑智发展	协调——左右交替	左右身体不协调，不能交替完成游戏任务	左右身体能交替完成游戏任务，但不协调	左右身体能协调交替完成游戏任务	
脑智发展	协调——平衡能力	左右身体不能在游戏过程中保持平衡	左右身体能在游戏过程中基本保持平衡	左右身体能在游戏过程中保持平衡	
社会情感	观点采择	活动时不愿意接受同伴的意见和建议	活动时能尝试接受同伴的意见和建议	活动时愿意接受同伴的意见和建议	
社会情感	尊重他人	能与人交往，不能关注别人的情绪和需要	能有礼貌地与人交往，在提醒下关注别人的情绪和需要	能有礼貌地与人交往，能关注别人的情绪和需要，并能给予力所能及的帮助	
社会情感	人际关系建立与维持	能有礼貌地与人交往	能有礼貌地与人交往，注意到别人的情绪	能有礼貌地与人交往，能注意到别人的情绪，并有关心、体贴的表现	

上午晨间锻炼

阶段一【D1、D2】

【方法】

幼儿在直线两侧，进行双脚并拢跳。（场地图示1）

阶段二【D3、D4、D5】

【方法】

幼儿在直线两侧，进行双脚并拢跳，垫子之间距离加大。（场地图示2）

【场地图示】

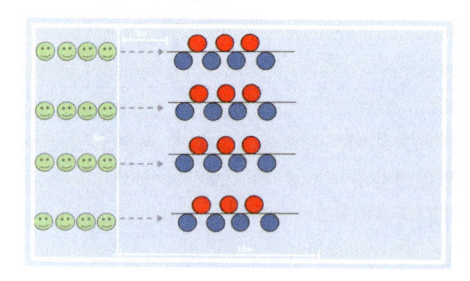

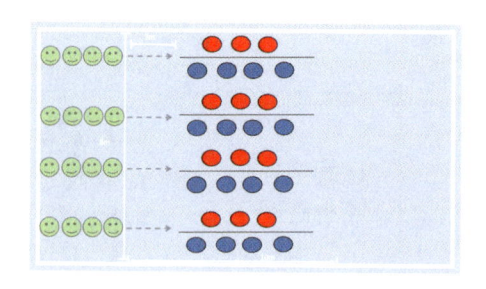

场地图示1　　　　　　　　　　　场地图示2

下午体育活动

阶段一【D1、D2】

【内容】给小动物送蛋糕

【方法】

幼儿从起点出发，给小动物运送蛋糕，幼儿根据同组人的情况，自由调整"石头"数量与宽度，保证每个人都能跳过。（场地图示1）

阶段二【D3、D4、D5】

【内容】送小动物回家

【方法】

幼儿分组自由摆放多种材料，组合游戏。（场地图示2）

【场地图示】

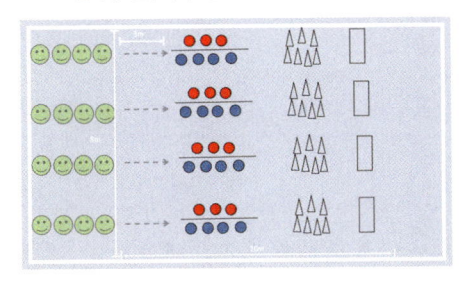

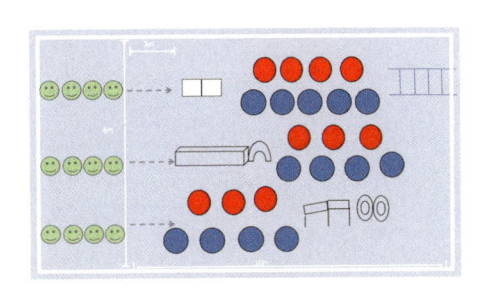

场地图示1

场地图示2

家庭亲子活动

【D1、D2】

迷迷转：幼儿与家长一起转圈，当停下的时候，保持单脚站立不动。

【D3、D4】

1. 跳格子：家长和幼儿排队，用双脚并拢跳、单脚跳依次通过自己设计的格子路线。

2. 跳房子：家长和幼儿排队，用单脚跳依次通过自己设计的房子，房子增加更长的距离。

【D5、D6、D7】

1. 运送小动物：准备小玩偶，抱着小玩偶按照地板的直线，在直线两侧双脚并拢跳，到达终点，看看谁最先到达。

2. 运送货物：先在地板直线上，抱着小玩偶双脚交替走一段距离，接着在直线两侧双脚并拢跳，到达终点，看看谁最先到达。

功夫熊猫（第二课时）

记忆		
专注		基本动作能力：双脚并拢在直线两侧行进跳
反应	√√	
协调	√√√	
创新	√	

一、活动目标

1. 在熟练掌握双脚并拢在直线两侧行进跳的动作要领基础上，双脚不变化方向跳得更远。

2. 仔细观察，身体协调地动态摆出各项动作，通过长短不同的路径。

3. 在解救游戏中，能够坚持不懈地完成游戏，富有责任感。

二、重难点

活动重点：运用正确的动作要领，双脚不变化方向侧身跳到距离不同的垫子上。

活动难点：动态地摆出姿势，并保持身体的平衡。

三、活动准备

1. 经验准备：

（1）运动技能准备：幼儿有双脚并拢连续向前跳的动作经验。

（2）知识准备：已经进入功夫熊猫的角色情境。

（3）经历：有等前一个同伴回来后再出发以及听到"哨音"再出发的游戏经验。

2. 器材准备：圆形平面垫（直径 23 cm，红色 23 个，蓝色 28 个），标志桶（高度 18 cm，60 个），玩偶 60 个，手脚纸板垫 12 张，藤竹房子 1 个，平衡木 1 个，板凳 2 张，迷彩垫 2 张。

3. 场地准备：塑胶地（8 m×10 m）。

四、活动过程

（一）游戏情景引入，激发幼儿活动兴趣

热身活动。

师：功夫熊猫们，上次我们已经学到了一种新功夫，一起来展示吧！

【幼儿散点站在场地四周，弓箭步、单脚跳、双脚并拢跳、听信号跳。】

（二）自由尝试，回顾双脚并拢在直线两侧行进跳的动作要领

1. 播放音频，明确任务。

师：听，原来是小动物想请我们帮忙送蛋糕。

【幼儿重复，清楚任务。】

师：请观察不同路线，我们用什么功夫通过石头？

师：这个功夫是怎么施展的？谁来试一试？

【个别幼儿展示双脚并拢在直线两侧行进跳，其他幼儿原地试一试。】

师：请选择一条路线，每队 4 个人，把小蛋糕送到小房子后回到英雄线，准备，开始。

【幼儿自由选择路线去运送小蛋糕，完成后回到英雄线站立。】（场地图示 1）

2. 巩固动作要领。

师：在跳的时候，怎么保证自己不掉进河里？

【幼儿个别展示。】

提示：一下一下地对准垫子，看准了再跳，连续跳。

3. 再次游戏。

师：这次，我们再送一次蛋糕，请自由选择路线，可尝试新的路线。

【幼儿自由选择路线去运送。】（场地图示1）

【教师和幼儿讨论：双脚并拢、同时落地，脚用力蹬地。】

【预判问题及处理：当遇到在不同路面行走时掉落的问题时，可保持身体的协调与平衡，同伴分享解决问题。】

（三）熟练运用左右行进跳过河、在动态中、身体协调地摆出4种姿势依次通过能量板

增加情境，保持身体协调。

师：功夫熊猫们，又有小动物寻求帮助，需要提升能量，这次的能量板在通往目的地的路上，请根据提示摆出姿势，通过能量板。

【幼儿原地试一试4幅能量动作图上的动作。】

师：请自由选择一条路线，记住身体保持平衡，快速做出动作，取回指定标志物放到起点的筐里。

【幼儿自由选择路线去取物。】（场地图示2）

师：你在通过能量板时，怎么让自己身体不晃动，脚不落地的？

【幼儿个别展示，自由表述。】

【教师和幼儿讨论：身体左右保持平衡，动作平稳。】

（四）增加石头之间的间距与块数、提升难度、再次进行双脚并拢在直线两侧行进跳

挑战难度，巩固动作要领。

师：功夫熊猫们，你们的功力现在太强了！石头被河水冲得更远，石头也增加了，你们敢挑战吗？

【幼儿自由选择路线去取物。】（场地图示3）

师：你刚刚选择了哪条路线？你是怎么做到的？

师小结：观察垫子的位置，有节奏地连续行进跳。

提示：腿部用力蹬地才能跳得更远，双脚不变化方向，连续左右跳。

【幼儿再次自由选择路线并尝试。】

【预判问题及处理：当出现双脚在原地变化方向时，可语言提示或动作示范。】

（五）结束环节

师：感谢功夫大师们帮助了小动物们，你们是真正的勇士！我们一起放松一下身体！

【一边放松，一边聊天回顾。】

小结：身体协调地变换动作，双脚在原地不变化方向左右行进跳。

【场地图示】

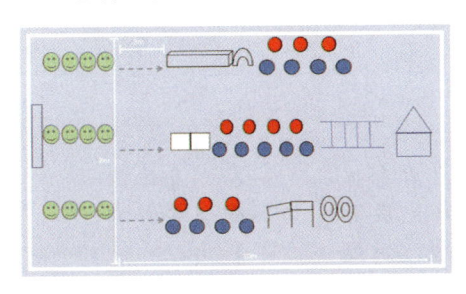

场地图示1

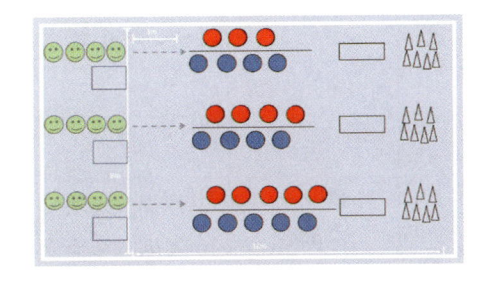

场地图示2

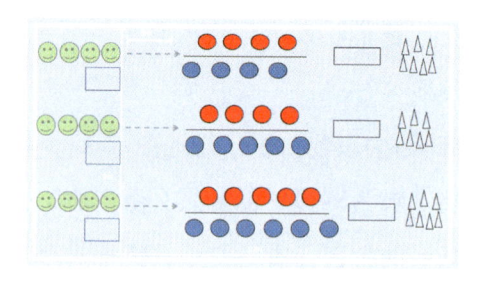

场地图示 3

体育游戏观察量规

观察指标		水平1	水平2	水平3	量化
动作发展	位移动作——左右行进跳	在成人提醒下，调整双脚并拢在直线两侧行进跳的动作。起跳时，双脚并拢，微微屈膝，身体向上向前跳，保持身体平衡和双脚并拢的状态	自主调整双脚并拢在直线两侧行进跳的动作。落点时，保持双脚同时落地，落在一定距离的固定点上	游戏全程双脚并拢在直线两侧行进跳的动作准确，熟练掌握动作要领。落点后，双脚不改变方向，继续反复连贯地沿着直线两侧行进跳	
脑智发展	协调——左右配合	左右身体不协调，无法配合完成游戏任务	左右身体能配合完成游戏任务，但配合不协调	左右身体能协调配合完成游戏任务	
	协调——左右交替	左右身体不协调，不能交替完成游戏任务	左右身体能交替完成游戏任务，但不协调	左右身体能协调交替完成游戏任务	

续表

观察指标		水平1	水平2	水平3	量化
脑智发展	协调——平衡能力	左右身体不能在游戏过程中保持平衡	左右身体能在游戏过程中基本保持平衡	左右身体能在游戏过程中保持平衡	
社会情感	观点采择	活动时不愿意接受同伴的意见和建议	活动时能尝试接受同伴的意见和建议	活动时愿意接受同伴的意见和建议	
社会情感	尊重他人	能与人交往，不能关注别人的情绪和需要	能有礼貌地与人交往，在提醒下关注别人的情绪和需要	能有礼貌地与人交往，能关注别人的情绪和需要，并能给予力所能及的帮助	
社会情感	人际关系建立与维持	能有礼貌地与人交往	能有礼貌地与人交往，注意到别人的情绪	能有礼貌地与人交往，能注意到别人的情绪，并有关心、体贴的表现	

上午晨间锻炼

阶段一【D1、D2】

【方法】

幼儿双脚并拢在直线两侧行进跳，跳过一定距离的"石头"。（场地图示1）

阶段二【D3、D4、D5】

【方法】

幼儿抱球在直线两侧双脚并拢行进跳,在中途放一个手脚对应板,摆对姿势则通过。(场地图示2)

【场地图示】

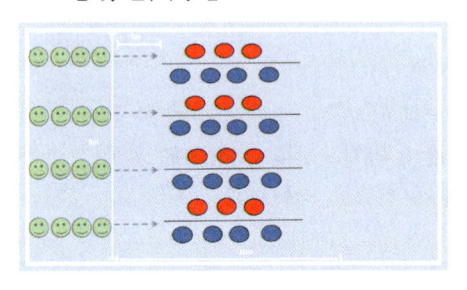

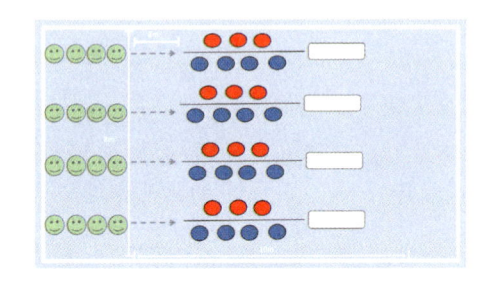

场地图示1　　　　　　　　　　　　场地图示2

下午体育活动

阶段一【D1、D2】

【内容】运送蛋糕一

【方法】

幼儿分成4队自由选择路线运送"蛋糕",每队幼儿依次将"蛋糕"(沙包)运送到终点,每次选1种"蛋糕"携带,并在中途摆对动作(2种动作),补充能量,到达终点。(场地图示1)

阶段二【D3、D4、D5】

【内容】运送蛋糕二

【方法】

幼儿分成2队自由选择路线运送"蛋糕",每队幼儿依次将"蛋糕"(沙包)运送到终点,每次选1种"蛋糕"携带,并在中途摆对动作(4种动作),补充能量,到达终点。(场地图示2)

【场地图示】

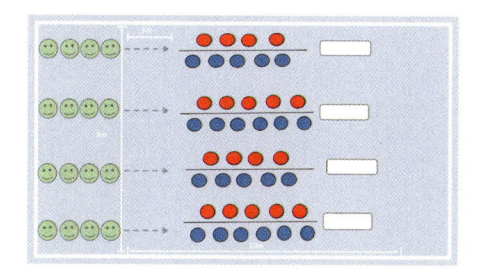

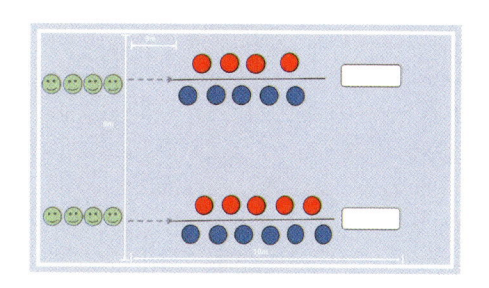

场地图示1   场地图示2

家庭亲子活动

【D1、D2】

你做我学：幼儿与家长相互给对方做一个功夫动作，另一方摆出同样的动作，保持平衡不动，坚持5秒为胜。

【D3、D4】

1. 功夫大师：幼儿与家长一起设计一些功夫动作，用石头、剪刀、布的形式，抽取任意一种动作，身体协调地摆出动作，并坚持10秒。

2. 平衡大师：尝试在做出动作的基础上，再头顶一个玩偶，加大平衡的难度。

【D5、D6、D7】

1. 你说我做一：把设计的动作放在地板上，幼儿任意双脚并拢跳，当听到左右的方向词时，立刻调整身体，跳到相应的方位，并摆出地上的动作造型，保持姿势不动。

2. 你说我做二：把设计的动作变成一条路线，家长与幼儿同时出发，每一次都摆出不同的姿势，保持平衡。

小猴拾果子（第一课时）

记忆		
专注	✓✓	基本动作能力：平衡走
反应		
协调	✓✓✓✓	
创新	✓	

一、活动目标

1. 熟练运用平衡走的基本动作，大胆体验，调节自己的身体在障碍物上平稳行走。

2. 能选择不同路线，运用平衡走的技能完成挑战。

3. 体验成功平衡走过不同路线的乐趣，敢于挑战困难，尝试不同难度的路线。

二、重难点

活动重点：双脚熟练交替前进，双手会自然地伸开辅助平衡，行走速度较快。

活动难点：左右身体在游戏过程中保持平衡。

三、活动准备

1. 经验准备：

（1）运动技能准备：平时的晨锻、体育活动、一日生活中，有过平衡走、绕障碍走的经验。

（2）知识储备（游戏准备）：有过听口令开始游戏的经验。

（3）经历（生活方面）：有过自由分组的经验。

2. 器材准备：轮胎6个，2米长的平衡木3个，1米长的平衡凳6张，1.8米长的体操平衡木1个，2米长的体测平衡木1个，2米长的斜坡平衡木1个，标志碟若干，软积木若干等。

3. 场地准备：1块 20 m×20 m 的空旷场地。

四、活动过程

（一）游戏情景引入，激发幼儿活动兴趣

游戏一：平衡木取物

1. 幼儿自由探索，寻找平衡走的方法。

师：小猴子们，我们是小小运货员，需要推着小车绕障碍，再走过平衡木运一颗果子。

2. 幼儿分享示范，教师小结游戏玩法。

师：有的小猴子通过障碍时非常平稳，你是怎么做的呢？

【眼睛看着斜前下方，可以用余光看脚下；脚步小而稳；双臂可自然摆动。】

3. 运用技能，完成任务。

师：让我们用刚刚学会的方法来试一试！

【幼儿运用平衡走的技能，平稳通过障碍。】

（场地图示1）

4. 难度升级，巩固经验。

师：路线发生了什么变化？可以怎么做？

（场地图示2）

提示：提醒幼儿用余光看脚下，抬脚及落脚时能保持身体平衡。

（二）路线升级，运用平衡走的技能拿到相应的果子

游戏二：选择不同路线平衡走取物

1. 出示不同路线，引导幼儿观察。

师：看，现在的路线有什么变化？

2. 幼儿选择不同的路线，走平衡木取货物并摆放好。

师：请你们选择不同的路线，一人一次取一颗，完成订单！

【幼儿自由选择路线去完成任务。】

3. 幼儿分享经验，教师小结。

师：你选择的路线是什么？你们完成了吗？你们是怎么做的呢？

4. 巩固经验，分层次再次分工游戏。

师：我们又接到了新订单，这次我们可以再换一条路线，试试看能不能完成。

【幼儿再次自由选择一条路线，运用平衡走的技能来完成任务。】

5. 幼儿分享经验，教师小结。

（场地图示3）

师：你们的任务是什么？你们完成了吗？遇到了什么困难？你们是怎么做的呢？

（三）结束环节

1. 师：小小送货员们，今天我们敢于挑战，尝试与自己的好朋友合作，完成订单任务，大家辛苦啦！我们一起放松放松吧！

【一边放松，一边聊天回顾游戏。】

2. 幼儿收拾、整理场地。

【场地图示】

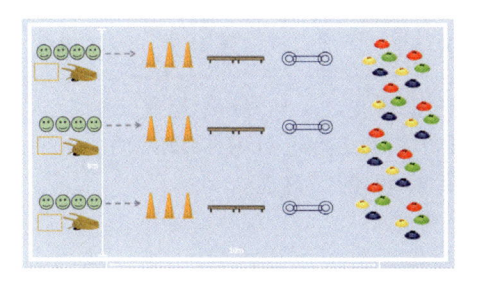

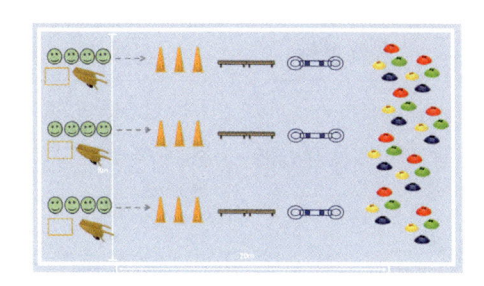

场地图示 1

场地图示 2

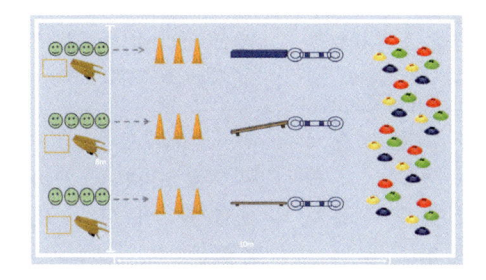

场地图示 3

体育游戏观察量规

观察指标		水平 1	水平 2	水平 3	量化
动作发展	非位移动作——平衡	喜欢爬攀登架（网），能以手脚并用的方式安全地爬攀登架（网）等。喜欢在斜坡、荡桥、田埂上走，不能在斜坡、荡桥和有一定间隔的物体上较平稳地行走。	喜欢爬攀登架（网），能以手脚并用的方式安全地爬攀登架（网）等。喜欢在斜坡、荡桥、田埂上走，能从斜坡、荡桥和有一定间隔的物体上穿过。	喜欢爬攀登架（网），能以手脚并用的方式安全地爬攀登架（网）等。喜欢在斜坡、荡桥、田埂上走，能在斜坡、荡桥和有一定间隔的物体上较平稳地行走。	

续表

观察指标		水平1	水平2	水平3	量化
动作发展	非位移动作——平衡	敢于在悬架上悬垂和悬垂前进	能够稳定地悬垂一定时间或进行短距离的换杠前进	能在悬架上进行较长距离的前进	
脑智发展	协调——左右配合	左右身体不协调，无法配合完成游戏任务	左右身体能配合完成游戏任务，但配合不协调	左右身体能协调配合完成游戏任务	
脑智发展	协调——左右交替	左右身体不协调，不能交替完成游戏任务	左右身体能交替完成游戏任务，但不协调	左右身体能协调交替完成游戏任务	
脑智发展	协调——平衡能力	左右身体不能在游戏过程中保持平衡	左右身体能在游戏过程中基本保持平衡	左右身体能在游戏过程中保持平衡	
社会情感	观点采择	活动时不愿意接受同伴的意见和建议	活动时能尝试接受同伴的意见和建议	活动时愿意接受同伴的意见和建议	
社会情感	尊重他人	能与人交往，不能关注别人的情绪和需要	能有礼貌地与人交往，在提醒下关注别人的情绪和需要	能有礼貌地与人交往，能关注别人的情绪和需要，并能给予力所能及的帮助	
社会情感	人际关系建立与维持	能有礼貌地与人交往	能有礼貌地与人交往，注意到别人的情绪	能有礼貌地与人交往，能注意到别人的情绪，并有关心、体贴的表现	

上午晨间锻炼

阶段一【D1、D2】

【方法】

摆放高 20—30 cm、宽 20 cm、长 3 m 的平衡木,幼儿徒手自由地在无障碍的平衡木上行走。(场地图示 1)

阶段二【D3、D4、D5】

【方法】

幼儿抱球或其他玩具在有坡度和障碍的平衡木上行走(由高 20—30 cm、宽 20 cm、长 3 m 的平衡木拼接而成)。(场地图示 2)

【场地图示】

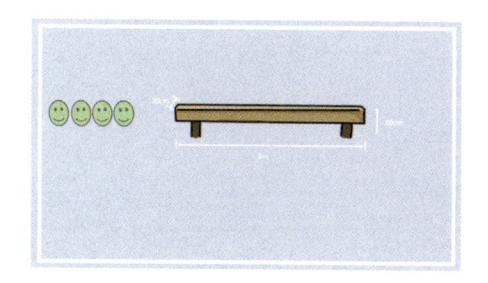

场地图示 1

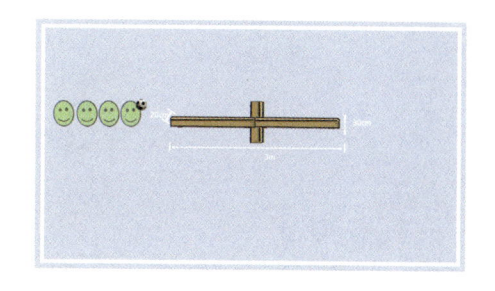

场地图示 2

下午体育活动

阶段一【D1、D2】

【内容】过桥

【方法】

沿着间距渐渐变大的两条平衡木向前行走。两只脚分开踩在两条平衡木上,双脚交替向前走,双手打开保持平衡。(场地图示 1)

阶段二【D3、D4、D5】

【内容】运果子

【方法】

幼儿从起点出发，通过第一关拿一个"苹果"，通过第二关再拿一个"苹果"，最后通过第三关，将"苹果"运送到"苹果筐"里。在不同的平衡木上采用不同的走法。（场地图示2）

【场地图示】

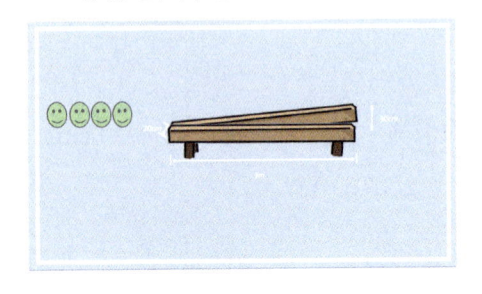

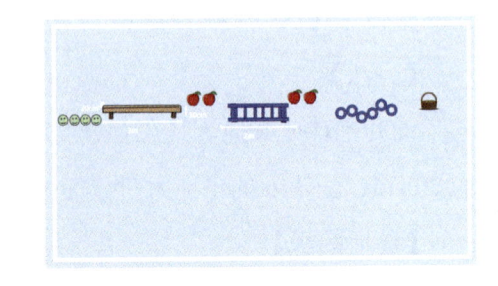

场地图示1　　　　　　　　　　场地图示2

家庭亲子活动

【D1、D2】

"金鸡独立"：头顶玩具单脚站立，每组15 s，每天5组。

【D3、D4】

1. 持物走线1：家长和幼儿面对面，幼儿抱着家里的毛绒玩具沿线行走，家长后退行走。

2. 持物走线2：家长和幼儿面对面，幼儿头顶沙包沿线行走，家长后退行走。

【D5、D6、D7】

1. "翻山越岭"：准备不同高度（10—40 cm）的能承重的物品，间隔一定的距离摆放成一排，幼儿双脚一高一低踩在物品上向前行走。

2. "梅花桩"：将不同高度（10—40 cm）的能承重的物品分散摆在场地上，幼儿踩在物品上前后左右自由行走。

小猴拾果子（第二课时）

记忆	✓✓✓	
专注	✓✓	基本动作能力：平衡走
反应		
协调	✓✓✓	
创新	✓	

一、活动目标

1. 熟练运用平衡走的基本动作，大胆体验，调节自己的身体在障碍物上平稳行走。

2. 能读懂任务单并记住自己的任务，与同伴明确分工，合作拾取物品完成任务。

3. 体验成功平衡走过不同路线的乐趣，敢于挑战困难，尝试不同难度的路线。

二、重难点

活动重点：双脚熟练交替前进，双手会自然地伸开辅助平衡，行走速度较快。

活动难点：左右身体能在游戏过程中保持平衡，并完成游戏任务。

三、活动准备

1. 经验准备：

（1）运动技能准备：平时的晨锻、体育活动、一日生活中，有过平衡走、绕障碍的经验。

（2）知识储备（游戏准备）：有过听口令开始游戏的经验，会读任务单。

（3）经历（生活方面）：有过自由分组的经验。

2. 器材准备：轮胎6个，2米长的平衡木3个，1米长的平衡凳6张，1.8米长的体操平衡木1个，2米长的体测平衡木1个，2米长的斜坡平衡木1个，标志碟若干，软积木若干，任务单等。

3. 场地准备：1块20 m×20 m的空旷场地。

四、活动过程

（一）游戏情景引入，激发幼儿活动兴趣

游戏一：平衡木取物

1. 幼儿巩固技能，优化平衡走的方法。

师：小猴子们，上一次我们是怎么取果子的，你们还记得吗？

2. 幼儿分享示范，教师小结游戏玩法。

师：你是怎么做的？能不能带着我们再来学习一下？

【眼睛看着斜前下方，可以用余光看脚下；脚步小而稳；双臂可自然摆动】

3. 再次游戏，巩固经验。

师：让我们再来试一试！

（场地图示1）

（二）读取任务单并根据任务要求，运用平衡走的技能拿到相应的果子

游戏二：读任务单走平衡木取物

1. 出示任务单，解读任务要求。

师：这个任务单上是什么意思？

2. 幼儿根据任务单，走平衡木取相应货物并摆放好。

师：请你们根据任务单要求，选取和任务单上颜色相同的果实，一人一次取一颗，完成订单！

（场地图示2）

3.幼儿分享经验，教师小结。

师：你们的任务是什么？你们完成了吗？你们是怎么做的呢？

4.巩固经验，分层次再次分工游戏。

师：我们又接到了新订单，你看这是什么意思呢？

我们的路线有什么变化吗？现在我们可以自由选择，试试看能不能完成吧！

（场地图示3）

5.幼儿分享经验，教师小结。

师：你们的任务是什么？你们完成了吗？遇到了什么困难？你们是怎么做的呢？

（三）读取任务单并根据任务要求，运用平衡走的技能按顺序摆放果子

游戏三：分层次读任务单走平衡木取物

1.幼儿自主选择不同订单，分层次进行游戏。

游戏规则：下面我们自由分组，每队最多4人，每人每次最多取1枚果子。

师：谁来说一说你们组的任务是什么？

提示：可以根据幼儿游戏情况，游戏1—2次，适当调整难度。

2.幼儿分享经验，教师小结，检查订单完成情况。

师：刚刚在送货时，你走的是哪条路线？遇到困难了吗？你们是怎么解决的呢？

3.延伸拓展，巩固优化。

【根据幼儿游戏情况，若效果较好，则可适当调整难度；若效果一般，则取消该环节。】

（场地图示4）

（四）结束环节

1.师：小小送货员们，今天我们敢于挑战，尝试与自己的好朋友合作，完成订单任务，大家辛苦啦！我们一起放松放松吧！

【一边放松，一边聊天回顾游戏。】

2.幼儿收拾、整理场地。

【场地图示】

场地图示1

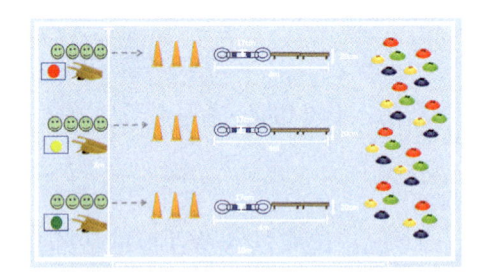

场地图示2

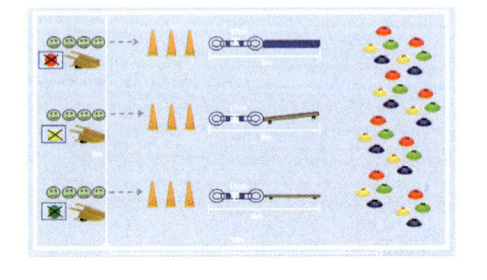

场地图示3

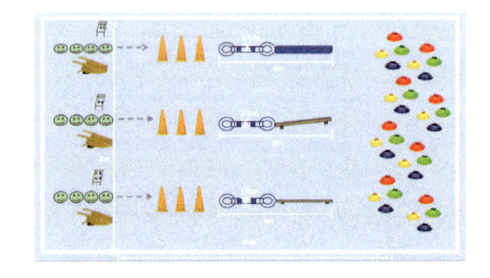

场地图示4

体育游戏观察量规

观察指标		水平 1	水平 2	水平 3	量化
动作发展	非位移动作——平衡	喜欢爬攀登架（网），能以手脚并用的方式安全地爬攀登架（网）等。喜欢在斜坡、荡桥、田埂上走，不能在斜坡、荡桥和有一定间隔的物体上较平稳地行走。敢于在悬架上悬垂和悬垂前进	喜欢爬攀登架（网），能以手脚并用的方式安全地爬攀登架（网）等。喜欢在斜坡、荡桥、田埂上走，能从斜坡、荡桥和有一定间隔的物体上穿过。能够稳定地悬垂一定时间或进行短距离的换杠前进	喜欢爬攀登架（网），能以手脚并用的方式安全地爬攀登架（网）等。喜欢在斜坡、荡桥、田埂上走，能在斜坡、荡桥和有一定间隔的物体上较平稳地行走。能在悬架上进行较长距离的前进	
脑智发展	协调——左右配合	左右身体不协调，无法配合完成游戏任务	左右身体能配合完成游戏任务，但配合不协调	左右身体能协调配合完成游戏任务	
	协调——左右交替	左右身体不协调，不能交替完成游戏任务	左右身体能交替完成游戏任务，但不协调	左右身体能协调交替完成游戏任务	

续表

观察指标		水平1	水平2	水平3	量化
脑智发展	协调——平衡能力	左右身体不能在游戏过程中保持平衡	左右身体能在游戏过程中基本保持平衡	左右身体能在游戏过程中保持平衡	
社会情感	观点采择	活动时不愿意接受同伴的意见和建议	活动时能尝试接受同伴的意见和建议	活动时愿意接受同伴的意见和建议	
社会情感	尊重他人	能与人交往，不能关注别人的情绪和需要	能有礼貌地与人交往，在提醒下关注别人的情绪和需要	能有礼貌地与人交往，能关注别人的情绪和需要，并能给予力所能及的帮助	
社会情感	人际关系建立与维持	能有礼貌地与人交往	能有礼貌地与人交往，注意到别人的情绪	能有礼貌地与人交往，能注意到别人的情绪，并有关心、体贴的表现	

上午晨间锻炼

阶段一【D1、D2】

【方法】

幼儿沿地上的直线或曲线自由行走，在中途放置"过河石"（彩虹石），幼儿路过时一只脚踩高通过。

（场地图示1）

阶段二【D3、D4、D5】

【方法】

幼儿抱球或其他玩具沿地上的直线或曲线自由行走，在中途放置"过河石"（彩虹石），幼儿路过时一只脚踩高通过。

（场地图示2）

【场地图示】

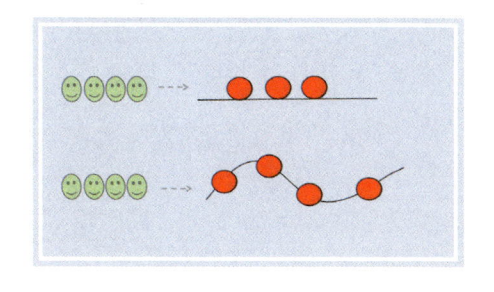

场地图示1 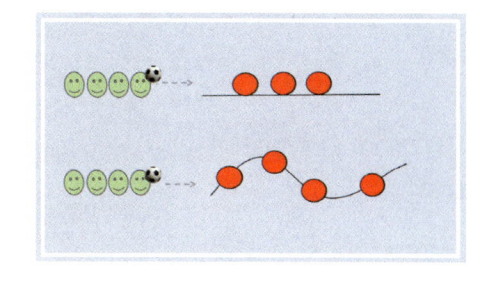　　　　　　　　　　　　场地图示2

下午体育活动

阶段一【D1、D2】

【内容】运送物资

【方法】

幼儿分成两队进行比赛，运送"物资"多的一方胜利。每队幼儿依次将"物资"运送到终点，每次选一种"物资"携带，中途掉落视为失败，不计入团队成绩。

（场地图示1）

阶段二【D3、D4、D5】

【内容】支援前线

【方法】

幼儿携带"支援前线"的"物资"，每次选一种"物资"携带。从起点出发，

依次通过各种"桥",将"物资"送到"前线",运送过程中失误次数少的队伍获胜。(场地图示2)

【场地图示】

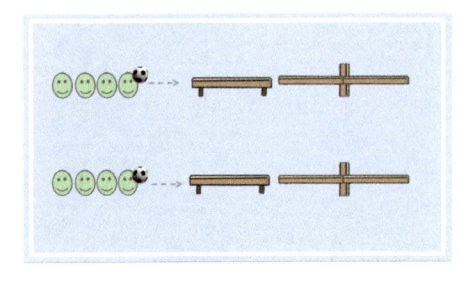

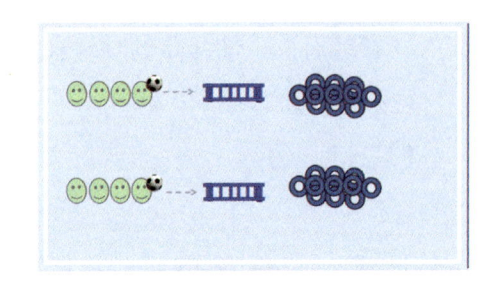

场地图示1　　　　　　　　　　　　场地图示2

家庭亲子活动

【D1、D2】

"小飞机":幼儿趴在板凳上,身体水平伸直,双手向两边伸平模仿小飞机,坚持15 s。

【D3、D4】

1."风火轮":准备一个空的塑料瓶,将塑料瓶横放在地上,家长和幼儿面对面拉着手,幼儿双脚踩着饮料瓶向前滚动。

2."百变风火轮":尝试用不同大小和材质的道具玩"风火轮"游戏。

【D5、D6、D7】

1.持物行走:幼儿双手端一个塑料小盘子,小盘子里放置一个小玩具或圆形小球等,从起点出发沿直线行走至终点,小盘子里的物品不能掉落。

2.难度升级:在行走的路上放置S形障碍,如放置小板凳,让幼儿踩在小板凳上通过等。

第三部分：大班体育活动

小小建筑师（第一课时）

记忆	✓✓✓✓	基本动作能力：平衡力
专注	✓✓✓	
反应	✓✓	
协调		
创新	✓	

一、活动目标

1. 在运输建材盖房子的游戏情境中，能控制身体的平衡，熟练地推独轮车。

2. 根据任务单记住运输顺序和建材的数量，并记住建筑图纸内容，按图纸样式建造房子。

3. 能独立完成收集建材和建造房子的任务，当积极、快乐的建筑师。

二、重难点

活动重点：根据任务单记住运输顺序和建材的数量，能正确地运输材料。

活动难点：分享不同的记忆方法，合作完成建造房子。

三、活动准备

1. 经验准备：

（1）运动技能储备：玩过推独轮车的游戏。

（2）知识储备（游戏准备）：了解建造房屋需要的工具和材料。

（3）经历（生活方面）：幼儿会分成3组，知道自己是什么组。

2. 器材准备：红、黄、蓝建筑帽各4顶，独轮车6辆，手套、工作证、红黄砖头、木桩若干，任务单，建筑图纸，标志杆。

3. 场地准备：在1块10 m×20 m的场地上摆好相应的器材，另准备1块空旷场地用于搭建房子。

四、活动过程

（一）创设情境、热身准备

师：小小建筑师们，森林里的小动物们邀请我们去给他们建房子，你们愿意吗？

师：在前往森林建房子之前，我们需要多多运动，跟着我一起活动一下身体。

【绕场慢跑，熟悉不同材料的位置。】

（二）游戏：运输建材

师：小动物们要建3栋房子，所以你们分成红、黄、蓝三队。盖房子需要一些工具和材料，你们每一队要根据自己队的任务获得相应的材料，才能帮助小动物们盖好房子，你们有信心吗？

师：每队有2辆小推车，接到任务后每队两个建筑师先出发运输材料，运回来后把小推车给下一个队友继续运，运输回来后把材料放入材料箱，然后在运输单上贴上自己运的材料。

游戏一：看懂并记忆任务单内容，理解运输顺序。

1. 出示任务单，帮助幼儿解读任务单。（任务单图示1）

师：第一次要运输什么？任务单上有什么？你知道是什么意思？箭头代表什么？先运什么？再运什么？【梳理对任务单的理解。】

提示：观察任务单时引导幼儿看数量和顺序，理解箭头的含义。

师：请建筑师们看好自己的任务，现在给你们时间把它记下来，运输时就不能看了。

2.幼儿游戏，教师指导。

【提醒幼儿按任务单完成任务。】

提示：提醒幼儿前方有障碍（标志杆），要绕过障碍行走。

师：你拿的材料对吗？是怎么记住任务的？用了什么方法？

师：你们队最先完成任务，为什么会这么快？有什么好办法？遇到标志杆你是怎么过去的？

3.教师小结：根据现场情况教师总结推独轮车的动作要领、记忆的方法等。如推独轮车的时候要弯腰降低重心，双手抓手把，保持车身平稳，不能一头高一头低，这样就会比较快。

游戏二：看懂并记忆任务单，记住材料的种类、数量和顺序。

1.出示新的任务单，引导幼儿按照任务单完成任务。（任务单图示2）

师：建筑师的工具准备好了，现在我们要运输一些砖头和木头回来。你们看，这次的任务是要怎么运？是什么意思？先运什么？再运什么？

提示：根据幼儿的理解和记忆情况，可适当延长或减少记忆时间。

2.幼儿游戏，教师指导。

【提醒幼儿按任务单完成任务。】

师：你们是怎么又快又准确地运回材料的？

3.教师小结：我们要记住材料的数量和运输顺序，在心里默念几遍就比较容易记住。

游戏三：看懂任务单，记住材料的种类、颜色、数量和顺序。

1.出示新的任务单，引导幼儿按照任务单完成任务。（任务单图示3）

师：我们的木材和砖头还不够，还需要运一些。这次我们的运输任务是什么呢？这次的任务单有什么变化？是什么意思？

提示：引导幼儿发现颜色的变化。

2. 幼儿游戏，教师指导。

【提醒幼儿按任务单完成任务。】

师：看到任务单，你最先做了什么事？

3. 教师小结：想要快速地运输材料，就要记清它们的种类、数量和运输顺序，知道它们的位置。

(三) 游戏：搭建房子(任务单图示4)

师：现在我们要每队合作建一栋房子。有三种房子的图纸，你们队喜欢哪种房子就用我们的材料搭建出来。

师：请你们看一下图纸，它是什么样子的？用了哪些材料？分别用了几个？谁来说一说。

师：现在给你们30秒快速记忆图纸，时间一到就不能看图纸。每队建一栋这样的房子。比一比哪一队速度最快。

【建筑师们带好工作证和手套，开始建房子。】

师：你们完成了吗？你们是怎样记住搭建图纸的？

小结：总结提炼记住复杂任务的幼儿用到的方法，引发同伴学习。

(四) 放松结束

师：今天小小建筑师们用了很多方法记住自己的任务，搭建了房子，下次我们用这些方法再搭更漂亮的房子。

【场地图示】

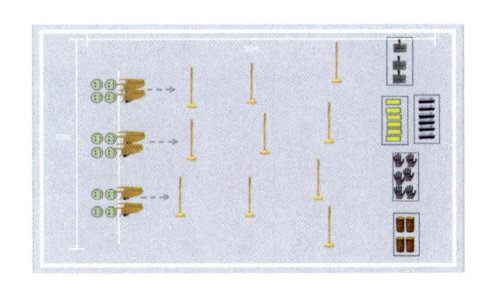

【任务单图示】

任务单图示 1

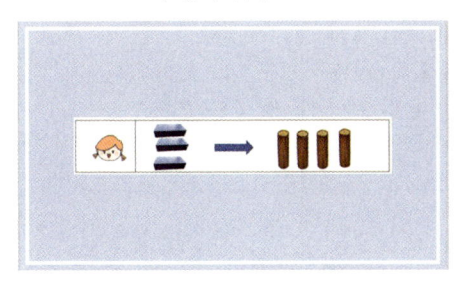

任务单图示 2

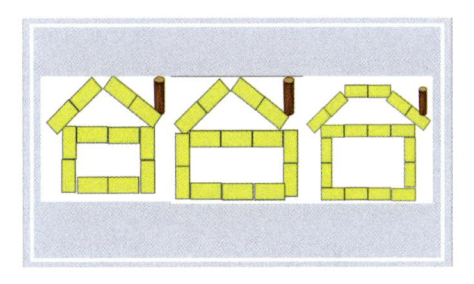

任务单图示 3

任务单图示 4

体育游戏观察量规

观察指标		水平 1	水平 2	水平 3	量化
动作发展	非位移动作——平衡	喜欢爬攀登架（网），能以手脚并用的方式安全地爬攀登架（网）等。	喜欢爬攀登架（网），能以手脚并用的方式安全地爬攀登架（网）等。	喜欢爬攀登架（网），能以手脚并用的方式安全地爬攀登架（网）等。	

续表

观察指标		水平1	水平2	水平3	量化
动作发展	非位移动作——平衡	喜欢在斜坡、荡桥、田埂上走,不能在斜坡、荡桥和有一定间隔的物体上较平稳地行走	喜欢在斜坡、荡桥、田埂上走,能从斜坡、荡桥和有一定间隔的物体上穿过	喜欢在斜坡、荡桥、田埂上走,能在斜坡、荡桥和有一定间隔的物体上较平稳地行走	
	位移动作——推独轮车	能在平地上推独轮车向前走,车子不翻	能平稳地推独轮车向前走,车身保持稳定	能在有障碍的地面上推独轮车快速向前行进,及时刹车并保持车身平稳	
脑智发展	记忆——物体属性	能记住1个物体特征(如颜色、大小等)	能记住2到3个物体特征(如颜色、大小等)	能记住4个及以上物体特征(如颜色、大小等)	
	记忆——物体顺序	无法记住物体的先后顺序	能记住2到3个物体的先后顺序	能记住4个及以上物体的先后顺序	
	记忆——任务顺序	无法记住任务	能记住2个任务的顺序	能记住3个及以上的任务顺序	
	记忆——物体—数字关系	能记住1种物体对应的数量	能记住2到3种物体对应的数量	能记住4种及以上物体对应的数量	

续表

观察指标		水平 1	水平 2	水平 3	量化
脑智发展	记忆——指令理解	能听懂1句发布的指令	能听懂2句同时发布的指令	能听懂3句及以上同时发布的指令	
社会情感	沟通	活动时不能接受同伴的意见和建议	活动时愿意接受同伴的意见和建议，与同伴发生冲突时在成人的协商下解决	活动时愿意接受同伴的意见和建议，与同伴发生冲突时能自己协商解决	
	团队合作	活动时不能与同伴分工合作	活动时能与同伴分工合作，遇到困难时无法克服	活动时能与同伴分工合作，遇到困难时能一起克服	

上午晨间锻炼

阶段一【D1、D2】

【内容】足球射门

【方法】

记住教师的语言口令，幼儿带球跑到球门前，按照口令踢球到对应的球门中。

阶段二【D3、D4、D5】

【内容】挑战接力跑

【方法】

幼儿绕S弯跑，跨跳过障碍物，拿到标志碟后返回，与后一个幼儿击掌后完成接力跑。

下午体育活动

阶段一【D1、D2】

【内容】运砖块

【方法】

1. 幼儿分成4组,每次1人出发运砖块,击掌接力完成,看指定时间内哪组运输的砖块多。

2. 幼儿分成4组,每次1人出发,按照任务单对应的颜色和数量运砖块,击掌接力完成,看哪组最先正确地运完砖块。

阶段二【D3、D4、D5】

【内容】猜拳追逐跑

【方法】

两人一组进行"石头、剪刀、布",谁赢了立刻追逐输的小朋友,被追到的小朋友做5个蹲起。

家庭亲子活动

【D1、D2、D3】

搭积木:将积木散落在不同的地方,先观察和记住搭建图纸,每人每次取一块积木,用不同形状、颜色、大小的积木搭建建筑物。

【D4、D5、D6、D7】

1. 创设快递站和取快递的情景,设置多种组合的快递单号,让幼儿记忆并往返不同房间取快递。

2. 在户外空地上,使用矿泉水瓶练习接力跑、往返跑等。

小小建筑师（第二课时）

记忆	√√√	
专注	√√	基本动作能力：平衡力
反应	√√	
协调	√	
创新		

一、活动目标

1. 能够推独轮车在不同路面上前行，保持独轮车不倒，提高平衡能力。

2. 能根据要求记住任务顺序，按顺序运输相应的建筑材料。

3. 体验团队合作的默契感。

二、重难点

活动重点：根据任务单记住运输材料的顺序、品种、数量及大小。

活动难点：能平稳地在不同路面上运输材料。

三、活动准备

1. 经验准备：

（1）有当建筑师运材料建房子的经验。

（2）知道自己的组别及本组的任务。

2. 器材准备：任务单，独轮车6辆，建筑图纸，木桩，黄色和蓝色砖头，红、黄两色安全帽，手套，地垫3块，坡道2块，标志桶4个等。

3. 场地准备：在一块 10 m×20 m 的场地上摆好相应的器材，另一块空旷场地用于搭建房子。

四、活动过程

（一）创设情境、热身准备

师：小小建筑师们，上次你们给动物建造的房子太好了，他们现在需要更多的房子，你们愿意帮助他们继续建房子吗？

师：在建房子之前，我们去各个工厂看一下吧。

【播放音乐，绕场慢跑，熟悉建筑材料的地点，调整情绪。】

（二）游戏：运输建筑材料

师：这次建造的房子比较复杂，需要的材料也很多。你们要按照自己小组的任务获得相应的材料，才能帮助小动物们盖好房子，你们有信心吗？

师：我们每队有2辆独轮车，去每个工厂的路都有一些颠簸，建筑师们在来回的路上要小心，不能把材料掉地上。

游戏一：看懂任务单，记忆运输顺序和材料的数量（任务单图示1）

1. 出示任务单1，帮助幼儿解读任务。

师：任务单是什么意思？我们要先去哪？再去哪？最后呢？数量分别是多少？

师：请建筑师们看好自己的任务，现在给你们时间把它记下来，运输时就不能看了。

2. 幼儿游戏，教师指导。

师：你是怎么记住这些任务的？你选择了哪条路？在这条路上怎么能保持平衡呢？

提示：幼儿按任务单完成任务，回来时自选道路。

3. 根据现场情况教师总结在不同路面上保持平衡的方法以及记忆的方法等。

游戏二：看懂任务单，记忆运输顺序和材料的数量、颜色（任务单图示2）

1. 出示任务单2，引导幼儿按照任务单完成任务。

师：这次你们组的任务跟之前一样吗？哪里不一样？

师：这次我们仍然要根据任务单上的顺序拿取材料，在材料的数量和颜色上有一些不同，要仔细看，给你们时间把它记下来。

2. 幼儿游戏，教师指导。

提示：幼儿按任务单完成任务，回来对照任务单自检。

师：这次有难度吗？你觉得哪里比较困难？有什么好方法记住任务？

3. 根据现场情况教师总结记忆的方法，面向全体，关注个体差异。

游戏三：听语音，做任务

听任务：帽子厂运3顶红色安全帽，木桩厂运3根大木头，手套厂运4双黄色手套，砖厂运5块黄砖。

1. 听取语音内容并完成任务。

师：这次的任务是要用听的，怎么才能记住这些任务？

2. 幼儿游戏，教师指导。

师：你们是怎么记住任务的？同伴间有什么帮助？

提示：幼儿按任务单完成任务，回来对照任务自检。

3. 根据现场情况教师总结记忆的方法。

（三）按图纸搭建房子，分享记忆的方法（任务单图示3）

师：现在我们要每队合作建一栋房子，比一比哪组建筑师最快最准确地完成搭建。

【出示房子图纸30秒，建筑师们快速记忆。】

师：你们完成了吗？你是怎样记住的？

小结：你们用什么方法又快又好地完成搭建的？每个人的任务一样吗？

（四）结束环节

1. 放音乐，调整呼吸，拉伸放松。
2. 总结活动，收拾器材。

【场地图示】

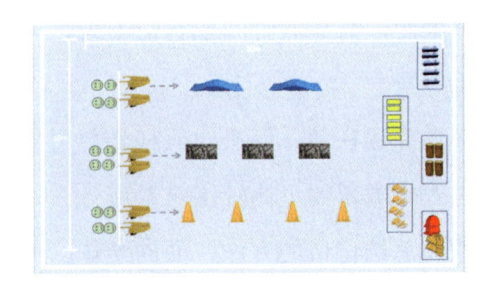

【任务单图示】

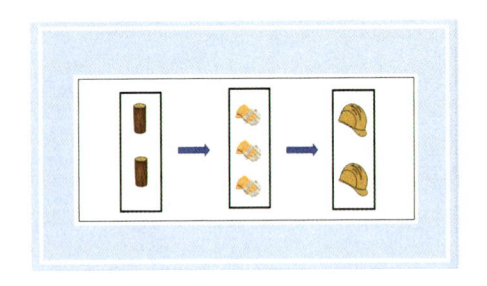

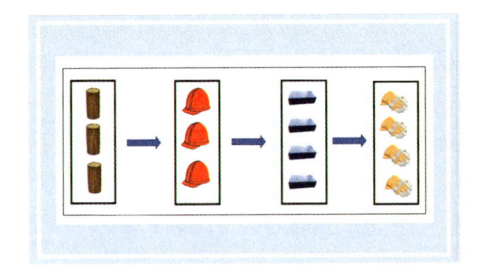

任务单图示 1

任务单图示 2

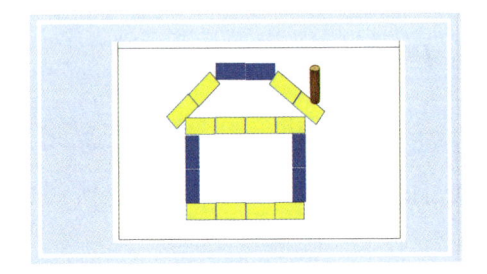

任务单图示 3

体育游戏观察量规

观察指标		水平1	水平2	水平3	量化
动作发展	非位移动作——平衡	喜欢爬攀登架（网），能以手脚并用的方式安全地爬攀登架（网）等。喜欢在斜坡、荡桥、田埂上走，不能在斜坡、荡桥和有一定间隔的物体上较平稳地行走	喜欢爬攀登架（网），能以手脚并用的方式安全地爬攀登架（网）等。喜欢在斜坡、荡桥、田埂上走，能从斜坡、荡桥和有一定间隔的物体上穿过	喜欢爬攀登架（网），能以手脚并用的方式安全地爬攀登架（网）等。喜欢在斜坡、荡桥、田埂上走，能在斜坡、荡桥和有一定间隔的物体上较平稳地行走	
	位移动作——推独轮车	能在平地上推独轮车向前走，车子不翻	能平稳地推独轮车向前走，车身保持稳定	能在有坡度、有障碍的地面上推独轮车快速向前行进，及时刹车并保持车身平稳	
脑智发展	记忆——物体属性	能记住1个物体特征（如颜色、大小等）	能记住2到3个物体特征（如颜色、大小等）	能记住4个及以上物体特征（如颜色、大小等）	
	记忆——物体顺序	无法记住物体的先后顺序	能记住2到3个物体的先后顺序	能记住4个及以上物体的先后顺序	

续表

观察指标		水平1	水平2	水平3	量化
脑智发展	记忆——任务顺序	无法记住任务	能记住2个任务顺序	能记住3个及以上的任务顺序	
	记忆——指令理解	能听懂1句发布的指令	能听懂2句同时发布的指令	能听懂3句及以上同时发布的指令	
	记忆——物体—数字关系	能记住1种物体对应的数量	能记住2到3种物体对应的数量	能记住4种及以上物体对应的数量	
社会情感	沟通	活动时不能接受同伴的意见和建议	活动时愿意接受同伴的意见和建议，与同伴发生冲突时在成人的协商下解决	活动时愿意接受同伴的意见和建议，与同伴发生冲突时能自己协商解决	
	团队合作	活动时不能与同伴分工合作	活动时能与同伴分工合作，遇到困难时无法克服	活动时能与同伴分工合作，遇到困难时能一起克服	

上午晨间锻炼

阶段一【D1、D2】

【内容】冲冲冲（往返接力跑）

【方法】

幼儿向前跑至 25 米处的地方，绕过标志杆返回，与下一名幼儿击掌，下一名幼儿击掌后出发。

阶段二【D3、D4、D5】

【内容】套圈（往返接力跑）

【方法】

幼儿手拿小圈奔跑到 25 米远的地方，将圈套在竖杆上再返回跑到起点，与下一名幼儿击掌，下一名幼儿击掌后出发。

下午体育活动

阶段一【D1、D2】

【内容】抓小鱼（往返接力跑）

【方法】

将幼儿分成两组进行比赛，先完成抓小鱼的小组获胜。每组幼儿依次出发，向前跑到池塘里抓一条小鱼返回放回渔网，并与下一名幼儿击掌，下一名幼儿击掌后出发抓小鱼。

阶段二【D3、D4、D5】

【内容】捕鱼达人（往返接力跑）

【方法】

将幼儿分成红、黄两组进行比赛，同一时间捕鱼数量多者获胜。每组幼儿根据自己组别的颜色，抓捕同一颜色的小鱼，抓捕一条同色小鱼计一分，颜色错误不加分，分数高者获胜。

家庭亲子活动

【D1、D2】

你说我拿：家长发出指令后，幼儿去家里的不同地方拿取对应物品。

【D3、D4】

1. 幼儿和爸爸同时从起点出发跑到 5 米远的地方抽取一张纸巾，先送到妈妈手里的获胜。

2. 在抽纸巾的终点处设置拍铃鼓、套圈等游戏，根据妈妈的指令做相应的动作。

【D5、D6、D7】

1. 记忆接龙：从扑克牌中抽取 6 张牌，记忆 10 秒后，家庭成员按顺序依次回忆牌面数字，下一个家庭成员的回忆内容不能与上一个重复。

2. 难度升级：需要记忆牌面的数字和图案的颜色、花色。

小小建筑师（第三课时）

记忆	✓✓✓	
专注	✓✓	基本动作能力：平衡力
反应	✓✓	
协调	✓	
创新	✓	

一、活动目标

1. 在观察和记住设计图纸的过程中，尝试统计、分析建筑材料，合理安排人员分工。

2. 能记住所需材料和工厂开放顺序，拿取正确的材料，记住图纸并完成房屋搭建。

3. 团队成员能配合默契，合作分工，体验成功的快乐。

二、重难点

活动重点：能按正确顺序拿取所需材料，记住图纸并完成房屋搭建。

活动难点：合理安排人员分工，学习复杂事件的记忆方法。

三、活动准备

1. 经验准备：

（1）有团队合作和分工的经验。

（2）有数学统计不同物体数量的经验。

（3）能熟练地推独轮车在不同路面上来回运物品。

2. 器材准备：建筑图纸，纸，笔，独轮车 6 辆，黄色、蓝色砖头，木桩，手套，红色安全帽等材料若干。

3. 场地准备：在一块 10 m×20 m 的场地上摆好相应的器材，另一块空旷场地用于搭建房子。

四、活动过程

（一）创设情境、热身准备

师：我们已经给动物们建造了很多房子，今天他们有更难的任务要交给我们。你们接受挑战吗？跟着我一起活动一下身体。

【播放音乐，绕场慢跑，熟悉建筑材料的地点，调整情绪。】

（二）游戏：搭高楼

师：这次小动物们只把房子的设计图纸给我们，我们要自己看图纸、统计建筑材料数量、运输和完成搭建。我们每队有 2 辆运输车，需要采取接力运输的方式获得材料，这次是团队比拼，看看哪队完成得又快又准确。（任务单图示）

提示：提供三种图纸让幼儿自由选择一种。

游戏一：看图纸，统计建筑材料的种类、数量，并且合理分工和记忆

1. 统计材料种类、数量，进行记录。

师：你们每组都拿到了一张设计图纸，图纸中需要哪些东西、需要多少个，请每组成员合作统计，并记录在空白纸上。

师：你们需要哪些材料？需要多少个？你们是怎么记录的？

2. 合理分配组员的运输任务。

师：为了成为优秀的建筑师，你们要记住自己组所有的材料和数量，你们准备怎么安排人运输？【各组 1 分钟商量分工，各自记住自己的任务。】

提示：提醒小组成员自由分配运输材料的数量、种类。

游戏二：记住开放顺序，分工运输材料

1. 根据建筑工厂的开放顺序运输相应材料。

师：砖头厂、木桩厂、帽子厂和手套厂开门的顺序不一样，请仔细听它们的开放顺序，然后按顺序去运输对应数量的物品，其中帽子和手套是每个建筑师必备的材料，按人拿取。

播放语音：今日工厂开放顺序为：手套厂、木桩厂、砖头厂、帽子厂。【语音播放3遍。】

2. 幼儿游戏，教师指导。

提示：提醒幼儿将工厂开放的顺序与负责运输该材料的成员对应好。

师：你们先去哪里，再去哪里？是怎么记住顺序和任务的？这么多信息，你们是怎么安排人员和记住任务的？

游戏三：记住图纸，搭建房屋

1. 根据图纸中的房屋造型进行搭建。

师：材料已经全部运输完成，现在要搭建房子了。你们有1分钟的时间看图纸，时间结束，图纸上交，开始搭建，先完成且正确的小组获胜。

2. 幼儿游戏，教师指导。

师：你们是怎么一起搭建成功的？你能清楚地记得图纸上的所有内容吗？你们是怎么记忆的？

(三) 结束环节

1. 放音乐，调整呼吸，拉伸放松。
2. 总结活动，收拾器材。

【场地图示】

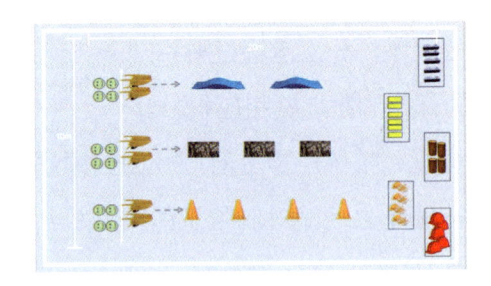

【任务单图示】

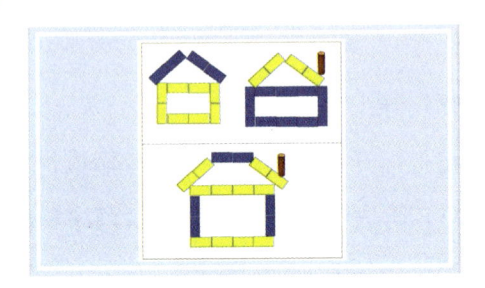

体育游戏观察量规

观察指标		水平1	水平2	水平3	量化
动作发展	非位移动作——平衡	喜欢爬攀登架（网），能以手脚并用的方式安全地爬攀登架（网）等。 喜欢在斜坡、荡桥、田埂上走，不能在斜坡、荡桥和有一定间隔的物体上较平稳地行走	喜欢爬攀登架（网），能以手脚并用的方式安全地爬攀登架（网）等。 喜欢在斜坡、荡桥、田埂上走,能从斜坡、荡桥和有一定间隔的物体上穿过	喜欢爬攀登架（网），能以手脚并用的方式安全地爬攀登架（网）等。 喜欢在斜坡、荡桥、田埂上走，能在斜坡、荡桥和有一定间隔的物体上较平稳地行走	

续表

观察指标		水平1	水平2	水平3	量化
动作发展	位移动作——推独轮车	能在平地上推独轮车向前走，车子不翻	能平稳地推独轮车向前走，车身保持稳定	能在有坡度、有障碍的地面上推独轮车快速向前行进，及时刹车并保持车身平稳	
脑智发展	记忆——物体属性	能记住1个物体特征（如颜色、大小等）	能记住2到3个物体特征（如颜色、大小等）	能记住4个及以上物体特征（如颜色、大小等）	
	记忆——指令记忆	无法记住指令	能记住1到2句指令	能记住3句及以上的指令	
	记忆——任务顺序	无法记住任务	能记住2个任务顺序	能记住3个及以上的任务顺序	
	记忆——物体—数字关系	能记住1种物体对应的数量	能记住2到3种物体对应的数量	能记住4种及以上物体对应的数量	
	记忆——指令理解	能听懂1句发布的指令	能听懂2句同时发布的指令	能听懂3句及以上同时发布的指令	
	专注——数字辨别	无法识别指令中的数字和量词信息	能准确识别指令中的数字或量词信息	能准确识别指令中的数字和量词信息	

续表

观察指标		水平1	水平2	水平3	量化
社会情感	团队合作	活动时不能与同伴分工合作	活动时能与同伴分工合作，遇到困难时无法克服	活动时能与同伴分工合作，遇到困难时能一起克服	
	观点采择	活动时不愿意接受别人的意见和想法，只顾做自己的事	活动时能听别人的意见和想法，不按要求完成	活动时愿意接受同伴的意见和建议，按大家约定好的完成计划	

上午晨间锻炼

阶段一【D1、D2】

【方法】

幼儿行进拍球至10米远的地方，绕过标志杆返回，与下一名幼儿击掌，下一名幼儿击掌后出发。

阶段二【D3、D4、D5】

【方法】

地上摆放4个标志桶，幼儿绕S弯行进拍球至10米远的地方，绕过标志杆返回，与下一名幼儿击掌，下一名幼儿击掌后出发。

下午体育活动

阶段一【D1、D2】

【内容】运砖块

【方法】

将幼儿分成2组进行比赛,听教师指令拿某一种颜色的"砖头",幼儿依次接力出发拿取同色"砖头",直到场地上的"砖头"拿完为止,多者获胜。

阶段二【D3、D4、D5】

【内容】造房子

【方法】

将幼儿分成2组进行比赛,先把房子造好的小组获胜。每组起点处用不同颜色标志碟摆放出房屋造型,幼儿依次出发,每次拿一个标志碟摆在造型的旁边,并与下一名幼儿击掌,下一名幼儿击掌后出发拿标志碟,先摆放出和造型一样的房子的小组胜利。

家庭亲子活动

【D1、D2】

1. 家长报一串数字(8个以内),幼儿按顺序复述出来。

2. 观察一幅画面10秒,复述画面中的人物、时间等信息。

【D3、D4】

1. 颠气球:将气球抛向空中,在气球快要落地之前,幼儿和家长将气球再次抛向空中,不让气球落地。

2. 增加气球的数量,互相配合不让气球落地。

【D5、D6、D7】

1. 躲猫猫:把玩具汽车、毛绒玩具等8件物品摆在桌子上,记忆10秒后将眼睛闭起来,拿走2件物品,说出被拿走物品的名称。

2. 难度升级:逐渐增加被拿走物品的数量。

聪明的小鸡（第一课时）

记忆	✓	
专注	✓✓✓✓	基本动作能力：单脚连续向前跳
反应	✓✓	
协调	✓✓	
创新		

一、活动目标

1. 通过小鸡运粮的游戏，熟练掌握单脚连续向前跳的基本动作要领，能连续跳3—5米。

2. 能够在游戏中倾听、观察并理解任务指令，快速、准确地识别指令中的数字和颜色信息，发展专注力。

3. 体验坚持完成任务的自豪感，遇到困难会寻找办法克服。

二、重难点

活动重点：单脚连续向前跳时动作协调、保持平衡，利用单脚连续向前跳的动作完成任务。

活动难点：能快速检索任务目标，视听与任务信息保持一致。

三、活动准备

1. 经验准备：

（1）运动技能：能双脚连续向前跳和单脚跳。

（2）知识储备：了解民间游戏"斗鸡"的玩法。

（3）生活经历：了解公鸡灵活、勤劳的特征。

2. 器材准备：直径 23 cm 的圆形平面垫（红色 20 个、蓝色 20 个），高度 18 cm 的标志桶（红色 70 个、黄色 84 个、蓝色 84 个、绿色 56 个），标志杆 8 个，颜色卡片，储粮篓 2 个，任务单。

3. 场地准备：2 块 8 m×10 m 的场地。

四、活动过程

（一）热身活动，激发幼儿兴趣

师：小鸡们，天冷了，我们需要完成一些任务来屯粮食过冬。你们准备好了吗？我们先来热热身吧！

【以双脚跳、单脚跳的动作随音乐热身。】

师：小鸡们，你们看，地上有很多鸡窝，有哪些颜色？

【引导幼儿观察颜色，为接下来的游戏做铺垫。】

（二）通过两种游戏，优化单脚连续向前跳的动作，提高专注力

1. 游戏一：听指令、看指令回鸡窝。（场地图示1）

（1）自由在鸡窝周围探索单脚跳的动作。

师：请你们在鸡窝周围单脚跳，当听到哨声，迅速跳到任意一个鸡窝。

师：刚刚你是怎么跳的？

【请幼儿示范。】

小结：撑地的那条腿膝盖弯曲，身体向上跃起。

（2）听颜色指令，迅速找到相对应的鸡窝站定。

师：当听到颜色信号时，单脚跳到相应颜色的鸡窝。

提示：仔细倾听鸡妈妈发布的口令。

师：你是怎么做的？分享你的好办法。

小结：为了帮助身体保持平衡，双臂也要同时自然前后摆动。

（3）看颜色指示牌，迅速找到相对应的鸡窝站定。

师：当看到颜色卡片，听到哨声后，单脚连续向前跳到相应颜色的鸡窝。

提示：仔细观察鸡妈妈出示的颜色信号。

师：你是怎么跳的？

提示：膝盖弯曲，双臂自然前后摆动，有节奏匀速地跳。

【根据动作掌握情况，可增加游戏次数。】

小结：需要仔细观察信号，有节奏地一下一下向前跳，这样不仅更稳，而且抬起的脚不会掉落。

【预判问题及处理：

问题：幼儿在单脚跳时易发生不稳现象。

处理：引导幼儿发现让抬起的腿不掉落的方法是用大腿肌肉夹紧的方式。】

2. 游戏二：小鸡运粮。（场地图示2）

（1）自由探索4条不同的运粮路线。

师：现在我们去运粮食吧！这里有几条不同的路线，请你选择一条合适的路线。

（2）运粮任务一：根据任务单上的颜色和数量信息拿粮食。（任务单图示1）

师：观察任务单，任务是什么？拿几个什么颜色的粮食？安全地从起点处跳至终点后，直接跑步去拿粮食并跑步带回，与下一位击掌，下一位听到哨声出发。

提示：专注观察任务单上的信息，复述、巩固自己的任务。

师：互相检查。请你分享一下，怎么能够安全又准确地将粮食运回？

提示：快速检索任务目标，强化视觉专注。

【幼儿更换合适的路线，可再次进行游戏。】

小结：不仅要保证单脚连续向前跳时安全又稳定，还要快速扫视，确定粮食的位置并集齐跑回来。

【预判问题及处理：

问题：选择4米或5米距离的幼儿，可能出现抬起的腿频繁掉落的现象。

处理：引导幼儿自主改选一条适合自己的路线，可以先选择短距离，动作强化后再挑战远距离。】

（3）运粮任务二：听数字信息，从3个任务单中检索出正确的颜色和数量信息。（任务单图示2）

师：这次的任务是"拿3个粮食"，观察并说一说，任务是拿几个什么颜色的粮食？听到哨声后出发。

提示：视线与听到的指令保持一致，准确识别任务信息。

师：互相检验。这次的任务有什么不同？你是怎么做的？

【根据游戏情况，鼓励幼儿坚持，可再次进行游戏。】

小结：不仅要听任务，还要仔细观察粮食的颜色。单脚连续向前跳的时候要坚持，相信在你们的坚持下，一定可以收获更多的粮食。

（4）运粮任务三：从4个任务单中检索出正确的颜色（复杂颜色）和数量信息。(任务单图示3)

师：路径有什么变化？你能坚持到终点吗？新的任务是"拿5个粮食"。任务是什么？听哨声出发。

师：互相检验。请你分享，有什么好方法能够又快又准地拿对数量和颜色呢？

【鼓励幼儿迅速对5个及以上的目标位置做出判断，在单脚连续向前跳时稳定且匀速，脚不掉落。】

小结：面对多个颜色，先确定粮食的位置，再有计划地先拿什么颜色再拿什么颜色，单脚连续向前跳时有节奏、能坚持。

【预判问题及处理：

问题：幼儿可能会希望挑战跳更远的距离。

处理：灵活帮助幼儿调整距离，以满足幼儿挑战和提升的愿望。】

(三) 结束环节

师：看，在你们的坚持努力下，我们收获了很多粮食，你们辛苦啦！我们一起来放松一下吧！

师：今天小鸡们学到了什么本领呢？你有什么样的感受呢？你最喜欢哪个任务？

【场地图示】

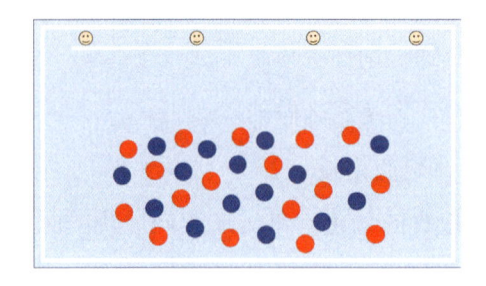

场地图示1

场地图示2

【任务单图示】

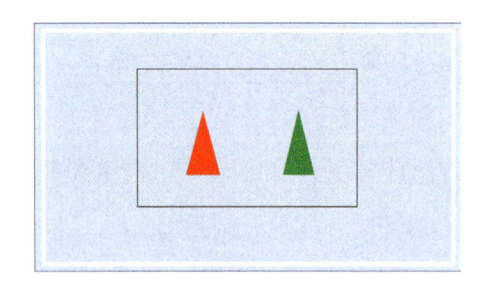

任务单图示1

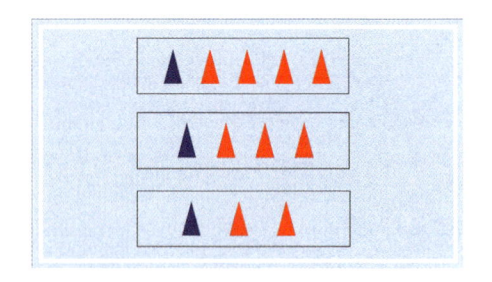

任务单图示2

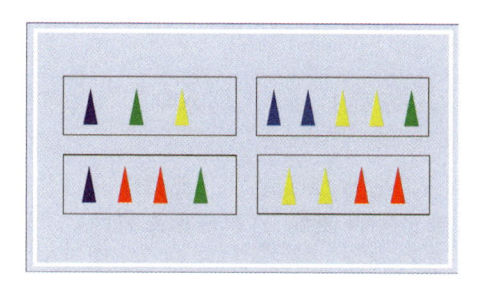

任务单图示 3

体育游戏观察量规

观察指标		水平 1	水平 2	水平 3	量化
动作发展	位移动作——单脚连续向前跳	不能掌握单脚连续向前跳的基本动作要领。单脚连续向前跳的动作不标准，没有意识做跳的姿势	在成人的提醒下，能做单脚连续向前跳的动作。单脚连续向前跳的动作不标准，但在指导下能调整姿势	能掌握单脚连续向前跳的基本动作要领。起跳时，手臂向前摆，脚跟先离地，身体明显前倾；前脚掌着地，手臂相向运动；双手自然摆动，保持身体平衡，动作节奏稳定。能熟练完成3—5米的单脚连续向前跳	
脑智发展	记忆——指令理解	无法理解指令	能理解1到2句指令	能理解3句及以上的指令	

续表

观察指标		水平1	水平2	水平3	量化
脑智发展	专注——理解指令	能听懂1句中等语速发布的指令，或在重复强调下能够听懂2—3句的连续指令	能听懂中等语速发布的2—3句连续指令，或偶尔需要重复	能听懂中等语速发布的3句以上连续指令，无须重复	
	专注——避免分心	在教师的不断提示下，能在讲解或发布指令时，保持注意	在教师讲解或发布指令，或在其他小朋友发言时基本保持倾听，视线基本集中在发言者身上	在教师讲解或发布指令，或在其他小朋友发言时保持倾听，视线始终集中在发言者身上	
	专注——信息辨别	能提取关键信息点	能准确辨别信息的有效性	能在跳跃或不连续的信息中，梳理出有效信息链	
	专注——视听一致	能断续地将自己的视线聚焦到目标物体或人物身上，会出现跳跃性或错失目标的情况	能持续将自己的视线跟随情节变化聚焦到目标物体或人物身上，但会错失部分目标	能根据教师描述的任务情节变化始终将视线追随目标物体或人物	

续表

	观察指标	水平1	水平2	水平3	量化
脑智发展	反应——空间判断	能判断1—2个目标的数量、位置、线路及范围，可能对线路和范围的判断出现偏差	能判断3—5个目标的数量、位置、线路及范围，可能对范围的判断出现偏差	能精准判断目标的数量、位置、线路及范围	
	协调——平衡能力	在一定干扰下能保持身体重心的稳定	在中等强度的干扰下能保持身体重心的稳定	在持续中等强度的干扰下能保持身体重心的稳定	
社会情感	自我效能感	能在成人的引导下承担任务，并在帮助下完成	主动承担任务，遇到困难能寻求帮助并坚持完成	主动承担任务，遇到困难能够坚持而不轻易求助	
	目标设定	不能持续专注地做一件事情（20—30分钟）	遇到问题能在成人的引导下持续专注地做一件事情（20—30分钟）	即使遇到问题也能持续专注地做一件事情（20—30分钟）	

上午晨间锻炼

阶段一【D1、D2】

【方法】

幼儿能在3—5米长的平面垫组合上单脚连续向前跳。（场地图示1）

阶段二【D3、D4、D5】

【方法】

幼儿自主摆放3—5米的路线，能单脚连续向前跳绕S弯、过障碍。（场地图示2）

【场地图示】

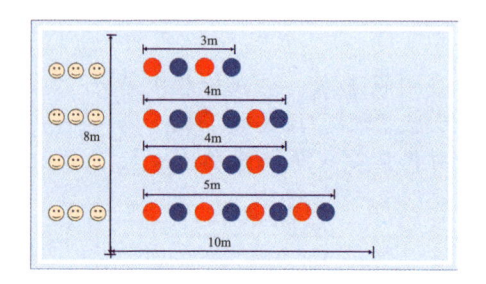

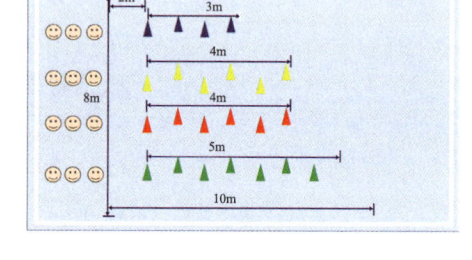

场地图示1　　　　　　　　　　　　场地图示2

下午体育活动

阶段一【D1、D2】

【内容】运粮大赛

【方法】

分4组，第一位幼儿出发运粮，回来后与下一位击掌，下一位再出发，依次进行，在规定时间内，粮食运得最多的队伍获胜。（场地图示1）

阶段二【D3、D4、D5】

【内容】运粮接力赛

【方法】

分4组，各组从第一位幼儿开始单脚跳传递粮食给下一位，依次传递，最先完成运粮任务的队伍获胜。注意运粮过程中抬起的脚不能掉落，若掉落则将粮食放回粮仓再从头开始。（场地图示2）

【场地图示】

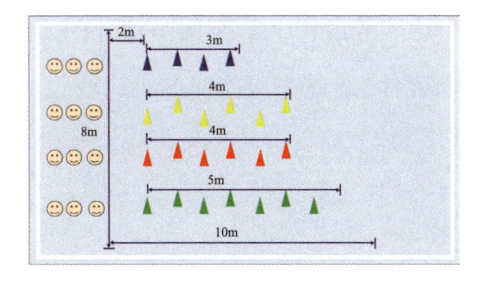

场地图示1 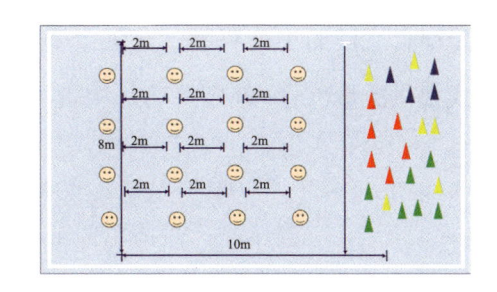　　　　　　　　　　　　场地图示2

家庭亲子活动

【D1、D2】

单脚连续向前跳游戏：

创设小鸡一家比赛单脚连续向前跳游戏情境，设定起始点。小鸡一家从起点处同时出发，单脚连续向前跳至终点再单脚连续跳返回，最先回到起点处的小鸡获胜。

增加难度：在路线中增加2—3个障碍物，小鸡一家比赛单脚连续向前绕障碍物跳，最先回到起点的小鸡获胜。

【D3、D4、D5】

听数字和颜色信息运粮：

鸡妈妈为裁判，小鸡和鸡爸爸听数字和颜色信息进行运粮游戏，裁判说出的数字信息保持在5以内。鸡妈妈用拍手的方式发出数量信号，要求小鸡和鸡爸爸听拍手的次数进行运粮游戏。小鸡一家可以轮流当裁判，增加游戏趣味性。

【D6、D7】

家庭运粮比拼：

创设小鸡一家比赛运粮的游戏情境，一只小鸡为裁判，其余小鸡参赛，增加单脚连续向前跳的动作，听信号进行运粮比赛，最先将相应数量和颜色的粮食运回的小鸡获胜。在这个基础上增加看信号运粮，裁判用举旗子的方式提供数量信号，裁判挥动几次旗，就拿几个粮食。最先完成比赛的小鸡获胜。

聪明的小鸡（第二课时）

记忆	✓	
专注	✓✓✓✓	基本动作能力：单脚连续向前跳
反应	✓✓	
协调	✓✓	
创新		

一、活动目标

1. 利用合作运粮的游戏巩固单脚连续向前跳的动作要领。

2. 在游戏过程中，根据观察或听到的数字与颜色指令，与同伴分工合作完成运粮的任务，提高专注力。

3. 体验与同伴合作完成任务的成就感。

二、重难点

活动重点：能够与同伴分工合作，保持高度的视觉和听觉专注，尝试挑战单脚连续向前跳更远距离。

活动难点：能与组员商量分工拿一定数量粮食的办法，比赛时认真观察对手的移动位置。

三、活动准备

1. 经验准备：

（1）运动技能：能单脚连续向前跳3—5米。

（2）知识储备：有分辨左、右的能力。

（3）生活经历：有分工合作玩游戏的经验。

2. 器材准备：分队服（红、黄、蓝、绿各 4 件，分别标有 1—4 号），直径 23 cm 的圆形平面垫（红色 4 个、蓝色 4 个、绿色 4 个、黄色 4 个），高度 18 cm 的标志桶（红色 50 个、黄色 50 个、蓝色 50 个、绿色 50 个），任务单，储粮篓 4 个。

3. 场地准备：1 块同心圆场地。

四、活动过程

（一）热身活动，激发幼儿兴趣

师：今天我们需要合作把粮食运回来，灵活机智的小鸡们，先来热热身吧！

【以双脚连续跳、单脚连续跳的动作随音乐热身。】

（二）通过三种游戏，合作运粮，巩固单脚连续向前跳的动作

游戏一：听数字运粮。（场地图示 1）

师：请听到对应数字的小鸡，单脚连续向前跳并拿回和队伍一样颜色的粮食，拿 1 个。听哨声出发，准备好了吗？

师：1 号【吹哨】、2 号【吹哨】、3 号【吹哨】、4 号【吹哨】

提示：仔细听与自己有关的数字信号。

师：哪只小鸡最快呢？请分享你的方法。

【引导幼儿巩固单脚连续向前跳的动作并发现要专注搜寻自己的目标，可多次游戏。】

小结：认真倾听信号、观察目标位置，单脚连续向前跳时膝盖弯曲、双臂摆动、匀速向前，抬起的脚不掉落。

游戏二：根据任务单合作运粮。

师：愿意挑战更远距离吗？每队都有各自的任务单，需要你们队员合作运粮食，任务是什么？请你们商量方法。（任务单图示1）

提示：鼓励同伴间商量分工，明确各自的任务目标。

师：哪队完成得又快又准确呢？距离变远后，你是怎么跳的？你们队是如何分配任务的？

【引导幼儿发现需要专注观察任务目标，并能够说出合理的分工方法，可多次游戏。】

小结：面对更远距离，要坚持，抬起的脚不掉落。在合作时要学会分配，明确各自的任务，商量时要倾听同伴的建议。

【预判问题及处理：

问题：幼儿发现队友合作时产生的问题，比如数量与任务单不一致、分配不明等。

处理：在完成任务前进行细致讨论，可以请每组说一说各自的任务是什么。】

游戏三：增加拦截情境，合作运粮。（场地图示2）

师：这次难度升级，粮仓系统出了问题，要拦截我们运粮，记住不要被泡沫棍击到哦！再次调整距离。这次的任务是什么？请你们商量合作的方法。听哨声出发。（任务单图示2）

提示：快速检索任务目标，与同伴合作完成任务。

师：刚刚你们在比拼运粮时发生了什么问题？你能坚持跳更远的距离吗？

提示：专注观察泡沫棍的移动方向并快速躲避。

【根据游戏情况，可多次游戏。】

小结：跳的时候要坚持更远距离。不仅要锁定粮食的位置，还要关注泡沫棍的位置，更要关注旁边的对手，要注意避让，认真观察。

【预判问题及处理：

问题：幼儿不知道如何躲避泡沫棍。

处理：请幼儿自己与同伴讨论躲避的方法，且针对能力较弱的幼儿可以减少粮食的数量。】

（三）结束环节

师：小鸡们，我们运的粮食已经够吃很长时间了，你们辛苦啦！接下来一起放松放松吧！

【场地图示】

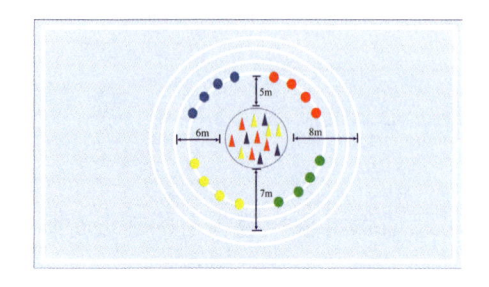

场地图示1 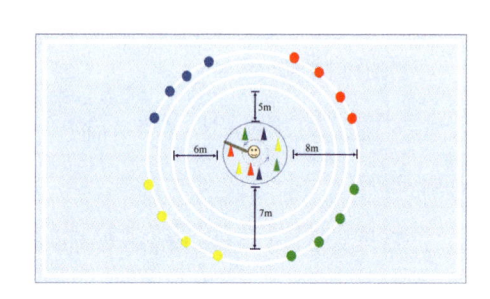　　　　　　　　　　　场地图示2

【任务单图示】

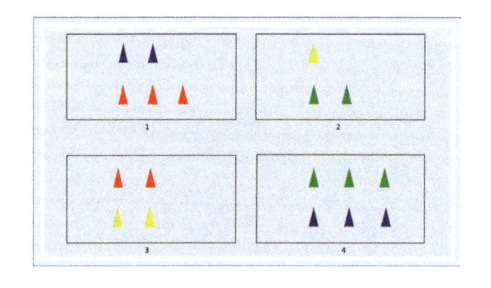

任务单图示1 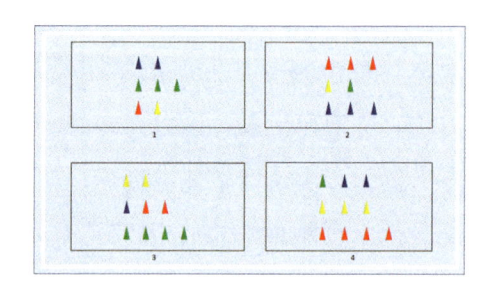　　　　　　　　　　任务单图示2

体育游戏观察量规

观察指标		水平1	水平2	水平3	量化
动作发展	位移动作——单脚连续向前跳	在成人的提醒下，能做单脚连续向前跳的动作。单脚连续向前跳的动作不标准，但在指导下能调整姿势	能掌握单脚连续向前跳的基本动作要领。单脚连续向前跳的动作基本标准，能自己调整跳跃姿势	熟练掌握单脚连续向前跳的动作要领，并能完成5—8米的距离。起跳时，手臂向前摆，脚跟先离地，身体明显前倾；前脚掌着地，手臂相向运动；双手自然摆动，保持身体平衡，动作节奏稳定。能够挑战单脚连续向前跳更远距离	
脑智发展	记忆——物体—数字关系	能记住1种物体对应的数量	能记住2到3种物体对应的数量	能记住4种及以上物体对应的数量	
	专注——目标搜索	能从同类型物体中快速检索出1个特定目标	能从同类型物体中快速检索出2个特定目标	能从同类型物体中快速检索出3个及以上特定目标	

续表

	观察指标	水平1	水平2	水平3	量化
脑智发展	专注——避免分心	在教师的不断提示下,能在讲解或发布指令时,保持注意	在教师讲解或发布指令,或在其他小朋友发言时基本保持倾听,视线基本集中在发言者身上	在教师讲解或发布指令,或在其他小朋友发言时保持倾听,视线始终集中在发言者身上	
	专注——视听抑制	在面对复杂视觉和听觉信息时,在提示下才能选取和处理关键信息	在面对复杂视觉和听觉信息时,能选取和处理部分关键信息	在面对复杂视觉和听觉信息时,能高效选取和处理关键信息	
	反应——方案决策	能跟同伴协商,决定行动方案	能依据任务目标在提醒下确定最优方案并顺利执行	能快速依据任务目标确定最优方案并顺利执行	
	协调——平衡能力	在一定干扰下能保持身体重心的稳定	在中等强度的干扰下能保持身体重心的稳定	在持续中等强度的干扰下能保持身体重心的稳定	
社会情感	观点采择	活动时不愿意接受同伴的意见和建议	活动时能尝试接受同伴的意见和建议	活动时愿意接受同伴的意见和建议	
	团队合作	活动时不能与同伴分工合作	活动时能与同伴分工合作,遇到困难时无法克服	活动时能与同伴分工合作,遇到困难时能一起克服	

上午晨间锻炼

阶段一【D1、D2】

【方法】

幼儿分别在同心圆场地上单脚连续向前跳，从场地中间拿回粮食。（场地图示1）

阶段二【D3、D4、D5】

【方法】

多人分工合作，幼儿翻数量信号板，其余幼儿拿取比人数多或者少的粮食。（场地图示2）

【场地图示】

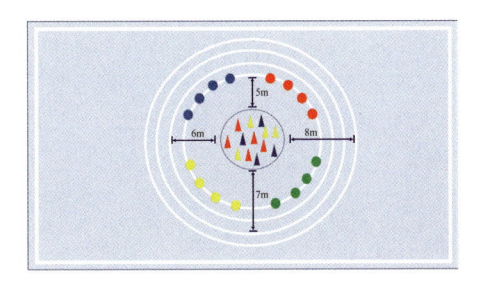

场地图示1

场地图示2

下午体育活动

阶段一【D1、D2】

【内容】谁运的粮食多

【方法】

分4组，各组要求来回都用单脚连续向前跳的方法，比一比哪支队伍最终拿到的粮食多。抬起的腿不能掉落，如果掉落，要将粮食放回粮仓再从头开始。（场地图示1）

阶段二【D3、D4、D5】

【内容】大灰狼来了

【方法】

在阶段一的基础上增加"大灰狼"角色进行左右移动拦截,在注意躲避大灰狼的同时,也要合作按顺序循环完成任务。(场地图示2)

【场地图示】

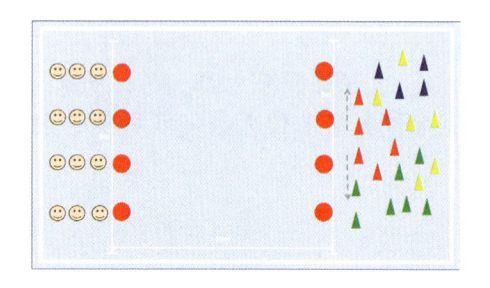

场地图示1 场地图示2

家庭亲子活动

【D1、D2】

根据指令做动作游戏:

创设小鸡一家"请你像我这样做"游戏情境。鸡妈妈先做一个动作并说"请你们像我这样做",小鸡和鸡爸爸模仿鸡妈妈的动作并说"我就跟你这样做",轮流作为指令发布者。在这个基础上,指令增加具体性,如"请小鸡像我这样做""请鸡爸爸像我这样做""请鸡妈妈像我这样做"等,提升专注力。

【D3、D4、D5】

看任务卡拿相应数量的粮食:

提供不同的任务卡,任务卡上是有固定数量及颜色的粮食,小鸡一家根据每轮的任务卡,进行运粮食比赛。

【D6、D7】

家庭合作运粮食：

在上一阶段的游戏基础上，增加"大灰狼"的角色进行拦截对抗。"大灰狼"只能左右横向移动，"大灰狼"在粮仓中间，鸡妈妈和小鸡合作商量根据任务卡分配各自拿取的数量，同时要躲避"大灰狼"的拦截，被"大灰狼"碰到后则放下粮食，回到起点处重新出发。最后鸡妈妈和小鸡成功拿回的粮食总数和任务单一致则为获胜。

开心多人车（第一课时）

记忆		
专注	√√√√	基本动作能力：肩并肩并排跑
反应	√√	
协调	√√	
创新		

一、活动目标

1. 能与同伴共同手持长棒肩并肩并排跑，步调一致。

2. 在肩并肩并排跑时与同伴保持同步，能根据信号变化灵活调整步伐。

3. 乐于尝试并努力解决问题，体验与同伴合作游戏的乐趣。

二、重难点

活动重点：与同伴合作手持长棒，在肩并肩并排跑时步伐、速度和节奏协调一致。

活动难点：注意观察并能根据信号灵活调整步伐大小、节奏等。

三、活动准备

1. 经验准备：

（1）运动技能：身体能够较为协调地慢跑。

（2）知识储备：有两人三足的游戏经验。

（3）生活经历：有骑多人自行车或者携手一起走的经历。

2. 器材准备：不同长度的长棒若干（1 m 4根，1.5 m 4根），长条积木 6 根（2 m），红绿信号灯，音乐，起点和终点标记。

3. 场地准备：20 m×20 m 的空旷场地。

四、活动过程

（一）热身活动

1. 跑步热身。

师：小司机们，出发前，让我们一起热身吧。【教师带领幼儿边跑边变化路线，一个跟着一个跑。】

2. 红绿灯反应游戏。

师：小司机们仔细看，红灯停，绿灯行。

【幼儿注意教师发布的语音和图片指令，进行跑和停的快速反应。】

（二）游戏活动

1. 游戏一：开心三人车。（场地图示1）

师：这是我们的新车，需要三个人一起开，快来试一试吧。

【出示 1 m 长棒，幼儿自由组队探索三人合作持棒"开车"。】

师：你们成功了吗？是怎么做的？用了哪些方法？

提示：三个人合作时有意识地协调步伐大小和速度。

小结：三个人拿着长棒肩并肩跑时要注意队友的跑动速度和步伐，保持不掉队。

2. 游戏二：看信号开三人车。

师：小司机们，路上有红绿灯，要注意观察，红灯停，绿灯行。

【三人小车从起点开往终点，根据途中出现的红绿灯信号，同步做出相应的动作。】

提示：提醒幼儿三人开车要同步，观察信号变化及时调整步伐的大小和速度。

师：成功了吗？你们是怎么配合的？

小结：三个人一起开车需要集中注意力，看到信号灯三个人都要迅速做出反应。

【根据游戏情况，可增加游戏次数。】

3. 游戏三：开心多人车。（场地图示2）

师：小司机们，现在车子升级了，可以几个人一起开车呢？快来试一试吧。

【出示不同长度的长棒，幼儿自由组合尝试三人以上肩并肩并排跑。】

提示：要注意观察周围，避免相互干扰和碰撞，灵活调整步伐。

师：多人一起开车要注意什么？

小结：多人开车要相互观察、一起出发，小司机们要注意并排跑的步伐大小和速度。

4. 游戏四：挑战游戏。（场地图示3）

师：小司机们，现在我们要去送货，自由选择不同的"车子"和路线，开车的时候要注意路上的障碍并观察红绿灯哦，红灯停，绿灯行。

【幼儿自由组队，选择不同长度的长棒，在不同距离的路线上肩并肩并排跑，遇到障碍共同跨越，关注随时出现的信号灯，同步调整步伐大小和速度。】

提示：注意观察路上的障碍和随时出现的信号灯，同伴间同步反应并调整步伐。

【根据游戏情况，可增加游戏次数。】

（三）结束环节

1. 放松活动。

幼儿散点站，播放轻柔的音乐，放松拉伸。

2. 总结分享。

师：在驾驶多人车的时候，我们要注意些什么？

【引导幼儿分享在游戏中获得的感受和体验，如团队合作的重要性、如何保持队形、专注观察信号等。】

总结：多人驾驶小车需要与同伴团结一致，共同通过障碍。遵守交通规则，仔细观察信号灯的变化。

【场地图示】

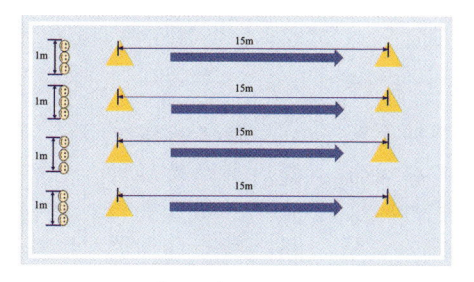

场地图示1

场地图示2

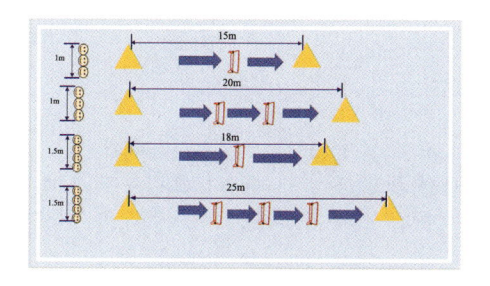

场地图示3

体育游戏观察量规

观察指标		水平1	水平2	水平3	量化
动作发展	位移动作——肩并肩并排跑	能进行肩并肩并排直线跑，步伐不一致	能进行肩并肩并排直线跑，有调整步伐大小保持一致的意识	能进行肩并肩并排跑，能灵活调整步伐大小和速度	

续表

	观察指标	水平1	水平2	水平3	量化
动作发展	位移动作——肩并肩并排跑	与同伴没有配合的意识	有意识与同伴配合，但不整齐	跑动时，能与同伴相互配合，前脚掌—脚跟着地，从脚跟过渡到脚趾发力	
脑智发展	反应——路线决策	对差异明显的任务路线有一定的描述	能够大致用语言描述自己选择的路线，但在任务过程中仍然会出现往返、反复等寻路行为	能够用语言描述自己选择的路线，在任务过程中动态调整至最优路线并迅速完成任务	
	反应——人员决策	在教师指导或同伴帮助下才能找到合作的同伴，无法自行选择合作的同伴	能依据任务目标在引导下选择合作的同伴并完成合作	能依据任务目标自行快速选择合作的同伴并完成合作	
	反应——方案决策	能跟同伴协商，决定行动方案	能依据任务目标在提醒下确定最优方案并顺利执行	能依据任务目标快速确定最优方案并顺利执行	
	专注——目标搜索	能从同类型物体中快速检索出1个特定目标	能从同类型物体中快速检索出2个特定目标	能从同类型物体中快速检索出3个及以上特定目标	

续表

观察指标		水平1	水平2	水平3	量化
脑智发展	记忆——任务顺序	能记住1个任务顺序	能记住2个任务顺序	能记住3个及以上的任务顺序	
社会情感	冲动控制	不能适应与接受活动上的改变	能在外界的引导下适应和接受活动上的改变	能适应与接受活动上的改变	
	团队合作	活动时不能与同伴分工合作	活动时能与同伴分工合作，遇到困难时无法克服	活动时能与同伴分工合作，遇到困难时能一起克服	

上午晨间锻炼

阶段一【D1、D2、D3】

【内容】开心三人车（场地图示1）

【方法】

三人一组手持长棒肩并肩跑至终点。

阶段二【D4、D5】

【内容】开心多人车（场地图示2）

【方法】

多人一组手持长棒肩并肩跑至终点。

【场地图示】

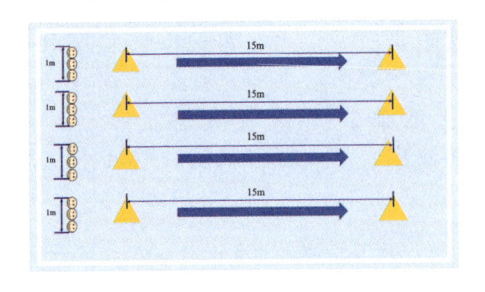

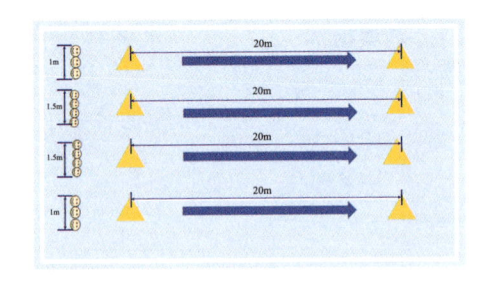

场地图示1 场地图示2

下午体育活动

阶段一【D1、D2、D3】

【内容】谁的雁群大

【方法】

各组从起点出发，幼儿们模仿大雁并肩飞行的队形前进。比一比谁的队伍整齐且雁群的大雁数量多。在前进过程中，需要保持队形整齐，不得掉队。

阶段二【D4、D5】

【内容】携手同行

【方法】

1. 多名幼儿尝试身体两侧同时手持棒子一起前行，直线往返。

2. 多名幼儿尝试身体两侧同时手持棒子一起前行，设置障碍，绕障碍行进往返。

家庭亲子活动

【D1、D2】

两人三足游戏：亲子间合作进行两人三足游戏，直线往返或绕障碍往返。

【D3、D4】

听指令变队形游戏：亲子三人或多人同行，轮流担任发令人，行进中听口令变换队形组合，如横排走、竖排走、人字形走等，行进中保持步调一致和阵型整齐。

【D5、D6、D7】

并驾齐驱：亲子合作手持一个条状道具并排行进，根据家中物品障碍灵活调整步伐和速度，顺利避让并通过。

开心多人车（第二课时）

记忆		基本动作能力：肩并肩并排跑
专注	√√√√	
反应	√√	
协调	√√	
创新		

一、活动目标

1. 能与同伴手持长棒肩并肩绕障碍跑。

2. 肩并肩并排跑时能根据路障和路线的变化快速调整步伐完成绕障碍跑。

3. 积极尝试并努力解决问题，体验与同伴合作游戏的乐趣。

二、重难点

活动重点：长棒两端幼儿能在绕障碍时调整步伐大小和速度。

活动难点：注意力要集中，能准确根据自己所在位置调整步伐，多人合作顺利绕过障碍。

三、活动准备

1. 经验准备：

（1）运动技能：有与同伴肩并肩并排直线往返跑的经验。

（2）知识储备：有两人三足的游戏经验。

（3）生活经历：有绕大树等障碍物走或跑的经历。

2. 器材准备：不同长度的长棒若干（1 m 4根，1.5 m 4根），标志桶10个，音乐。

3. 场地准备：20 m×20 m 的空旷场地。

四、活动过程

（一）热身活动

1. 跑步热身。

师：小司机们，出发前，让我们一起热身吧。

【教师带领幼儿边跑边观察场地布置。】

2. 自由绕障碍跑。（场地图示1）

师：小司机们，开车的时候要绕过障碍，注意观察信号灯，红灯停，绿灯行。

【幼儿根据信号灯变化，自由绕障碍跑。】

（二）游戏活动

1. 游戏一：三人开车绕障碍。（场地图示2）

师：小司机们，今天运货的路上有障碍，要绕过障碍把车开回来哦。

【出示1 m长棒，幼儿自由组队开车"送货"，绕过一个障碍回到起点。】

提示：三人手持长棒绕障碍，两端幼儿要调整步伐大小和速度，确保顺利绕过障碍。

师：你们成功了吗？用了哪些方法？遇到了什么困难，怎么解决的？

小结：小司机们一起绕障碍时，每个人的步伐大小和速度都不一样，最里面的步子最小最慢，最外面的步子要大且速度快，这样才能顺利绕过障碍。

【根据游戏情况，可增加游戏次数。】

2. 游戏二：多人开车绕障碍。（场地图示3）

师：小司机们，现在要开大车去送货，遇到障碍要一起绕过去哦。

【出示不同长度的长棒，幼儿自由组队开车"送货"，绕过一个障碍回到起点。】

提示：多人手持长棒绕障碍，每个幼儿都要高度专注，根据自己的位置调整步伐大小和速度，确保顺利绕过障碍。

师：你们成功了吗？通过障碍时要注意什么？

小结：每个人都要集中注意力，在直线上要一起并肩跑，绕障碍时要根据自己的位置调整步伐大小和速度。

3. 游戏三：超级司机。（场地图示4）

师：小司机们，这次送货的路线更复杂了，大家一定要注意观察、安全送达哦。

【布置4条不同长度和障碍的路线，幼儿自由组队选择不同长度的长棒合作开车送货。】

师：这次有没有新的困难？怎么解决的？

【根据游戏情况，可增加游戏次数。】

(三) 结束环节

1. 放松活动。

幼儿散点站，播放轻柔的音乐，放松拉伸。

2. 总结分享。

师：小司机们，今天送货顺利吗？要注意什么？

【引导幼儿分享在游戏中获得的感受和体验，如团队合作的重要性、如何保持队形、专注观察障碍和信号等。】

小结：每个人要集中注意力，根据自己的位置灵活调整步伐大小和速度，合作绕过每个障碍。要遵守交通规则，仔细观察信号灯的变化。

【场地图示】

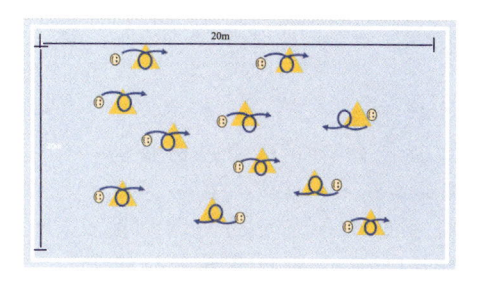

场地图示 1

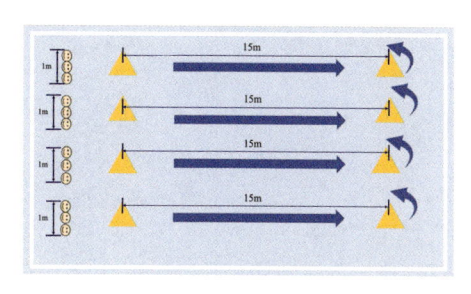

场地图示 2

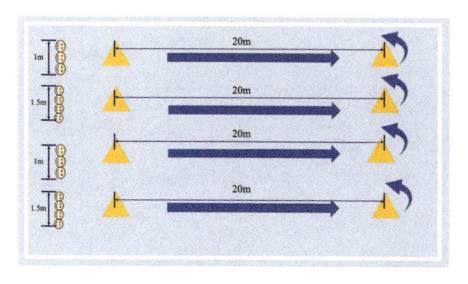

场地图示 3

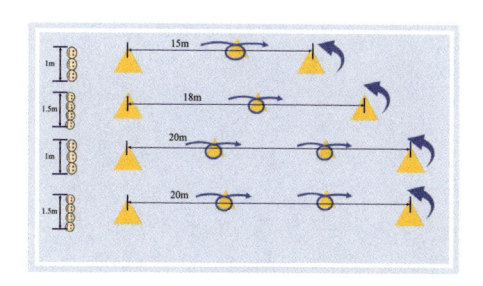

场地图示 4

体育游戏观察量规

观察指标		水平 1	水平 2	水平 3	量化
动作发展	位移动作——肩并肩并排跑	能进行肩并肩并排跑直线，绕障碍时步伐乱。 与同伴没有配合的意识	能进行肩并肩并排跑直线，绕障碍时有调整步伐大小的意识。 有意识与同伴配合，但不整齐	能进行肩并肩并排跑，并保持步伐一致。 绕过障碍时能调整步伐大小与速度。 跑动时，能与同伴相互配合，前脚掌—脚跟着地，从脚跟过渡到脚趾发力	

续表

观察指标		水平1	水平2	水平3	量化
脑智发展	反应——路线决策	对差异明显的任务路线有一定的描述	能够大致用语言描述自己选择的路线，但在任务过程中仍然会出现往返、反复等寻路行为	能够用语言描述自己选择的路线，在任务过程中动态调整至最优路线并迅速完成任务	
	反应——人员决策	在教师指导或同伴帮助下才能找到合作的同伴，无法自行选择合作的同伴	能依据任务目标在引导下选择合作的同伴并完成合作	能依据任务目标自行快速选择合作的同伴并完成合作	
	反应——方案决策	能跟同伴协商，决定行动方案	能依据任务目标在提醒下确定最优方案并顺利执行	能依据任务目标快速确定最优方案并顺利执行	
	专注——目标搜索	能从同类型物体中快速检索出1个特定目标	能从同类型物体中快速检索出2个特定目标	能从同类型物体中快速检索出3个及以上特定目标	
	记忆——任务顺序	能记住1个任务	能记住2个任务顺序	能记住3个及以上的任务顺序	

续表

观察指标		水平1	水平2	水平3	量化
社会情感	冲动控制	不能适应与接受活动上的改变	能在外界的引导下适应和接受活动上的改变	能适应与接受活动上的改变	
	团队合作	活动时不能与同伴分工合作	活动时能与同伴分工合作，遇到困难时无法克服	活动时能与同伴分工合作，遇到困难时能一起克服	

上午晨间锻炼

阶段一【D1、D2、D3】

【内容】开心三人车(场地图示1)

【方法】三人一组手持长棒从起点出发，肩并肩跑至终点绕障碍返回。

阶段二【D4、D5】

【内容】开心多人车(场地图示2)

【方法】多人一组手持长棒从起点出发，肩并肩绕过途中障碍跑至终点。

【场地图示】

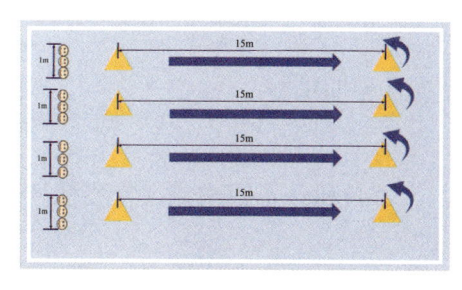

场地图示1

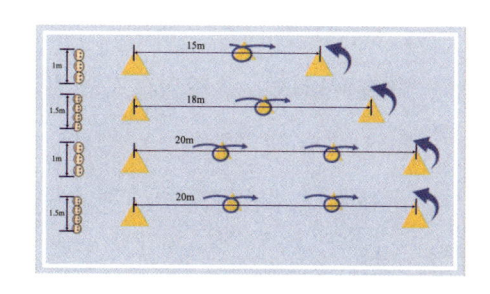

场地图示2

下午体育活动

阶段一【D1、D2、D3】

【内容】谁的雁群大

【方法】

幼儿们模仿大雁并肩飞行的队形前进。比一比谁的队伍整齐且雁群的大雁数量多。在前进过程中，需要保持队形整齐，不掉队。

阶段二【D4、D5】

【内容】手拉手接力

【方法】

各组从起点出发，每次一名幼儿从起点跑至终点并绕过障碍，共跑 3 次，每次多一名幼儿手拉手从起点跑至终点并绕过障碍。

家庭亲子活动

【D1、D2】

夹球赛赛赛：

1. 家长双腿夹球站在起跑线上，听口令夹球行进到终点，和幼儿合作拿两根体操棒，夹球返回起点。

2. 在行进过程中球不能掉在地上，否则返回起点重新比赛。

【D3、D4】

背靠背运球：家长和孩子背靠背，将球夹在中间运输。

【D5、D6、D7】

走独木桥：搭建简易的独木桥或平衡木，家长和孩子依次走过，要保持平衡不掉下来。

逛超市（第一课时）

记忆	✓✓	基本动作能力：折返跑
专注	✓✓	
反应	✓✓✓✓	
协调	✓	
创新		

一、活动目标

1. 掌握折返跑的动作要领，发展下肢力量与耐力。

2. 根据游戏信号迅速做出反应并判断订单信息，拿到货品后快速折返。

3. 克服困难，勇于挑战，体验用折返跑完成任务的乐趣。

二、重难点

活动重点：掌握折返跑的动作要领，靠近折返地之前双脚前后开立，降低重心，身体微微前倾，前腿发力，转移重心，立即转身。

活动难点：能迅速判断订单信息，并根据游戏信号迅速做出反应，拿取正确的货品。

三、活动准备

1. 经验准备：

（1）运动技能准备：有过四散跑的经验。

（2）知识储备（游戏准备）：认识常见的运动器械。

（3）经历（生活方面）：有过分组的经验，知道衣服颜色相同的为一组。

2. 器材准备：2个标志筒，4个网格板，2组任务卡，2个地标，3个货架，货架商品若干。

3. 场地准备：长30 m，宽1.5 m的跑道。

四、活动过程

（一）反应口令游戏导入，激发幼儿活动兴趣

师：小店员们，店长想挑选一些反应快的店员去新的超市帮忙，你们愿意吗？

师：用一个"听口令做动作"的游戏来考验你们，请仔细听：蹲下，起立，原地慢跑，快跑。

这都难不倒你们，再来挑战一个"听反口令做动作"的游戏：向左跳一下，向前跳一下，蹲下。

师：太厉害了，你们的反应速度真快，现在你们都是合格的小店员了。

（二）游戏一，通过游戏，掌握折返跑的动作要领

1. 将幼儿自然分成蓝、红两队，站在场地前面。

师：超市即将开业，但货架上还没来得及上货，想请你们帮帮忙。但由于场地有限，一次只能进入两名小店员。

师：请红队去1号口准备，蓝队去2号口准备。开始出发后，请每位小店员拿取任意一件商品。拿完后返回与下一名队员击掌交接，下一名队员立即出发。

师：拿完货品的小店员把货品放在后方货架上，听到哨声出发。【教师吹哨。】

2. 第一次游戏，教师和幼儿交流讨论折返跑的动作要领。

【站立在自己的位置上。】

教师和幼儿讨论：你刚刚是怎样运货的？【幼儿示范动作。】

师：老师也有一种运货方法，看一看老师和这位小朋友哪个转身回来的速度快。

【教师亲身示范。】

师：我们一起在原地做一做。【集体练习。】

折返跑动作要领：靠近目标物之前，降低重心，双脚一前一后，前腿发力，转移重心，立即转身。

【预判问题及处理：

问题：折返跑的动作要领未能掌握。

处理：针对动作要领，再次进行分解示范和集体练习，并再次游戏。】

3. 第二次游戏，幼儿尝试用折返跑的方法完成任务。

师：让我们用折返跑的方法再次拿取货品吧。【回到入口。】

师：请拿取一件黄色货品，拿取成功后放回后方货物架中，准备。【教师吹哨。】

小结：集体讨论，帮助幼儿进一步巩固折返跑的经验。

【根据游戏情况，可增加游戏次数。】

提示：关注孩子折返跑时点与点之间的折返，提升孩子的反应能力和加速能力。

（三）游戏二，正向口令游戏，快速反应寻找货品（任务单图示1）

师：刚刚大家完成得又快又准确，但是店长来巡视后发现了一些问题，做出了改变，店长将货品按照标记分类，他请小店员们拿回货品后按照标记摆放。【货物架添加分类标记。】

师：来新的订单了。小店员们，在去取货的过程中，请你们看清各自店长手中的货品标记，根据店长出示的货品标记去取货后再折返回来。

【播放来新订单的音频，吹哨、出发。】

教师和幼儿讨论：你用什么方法拿到货品？

小结：在跑的过程中，关注货品标记的出示，看到后迅速做出反应，一边跑一边寻找目标。

【根据游戏情况，可增加游戏次数。】

提示：注意孩子的运动量以及呼吸节奏，适当让孩子做"吸气—吐气"的深呼吸动作，调整呼吸。

(四) 游戏三、反口令游戏、快速判断做出反应（任务单图示2）

师：来新的订单了，但打印机出现故障了，订单上的商品信息都是相反的，并且有一个星星标记。

【播放来新订单的故障音频。】

举例说明：这张订单上是大圈，实际要拿的是小圈。听到哨声后出发。

集体讨论：这位小店员，你的订单信息是什么？你拿取的商品是什么？【3个相反口令。】

小结：原来与"大"相反的词是"小"，与"长"相反的词是"短"，与"粗"相反的词是"细"。

【根据游戏情况，可增加游戏次数。】

提示：关注孩子的情绪反应，适当调整游戏节奏。在游戏过程中要注意看护，保证每个孩子的安全。

(五) 结束环节

师：小店员们今天的反应很快，而且能够耐心等待同伴，完成所有货品的整理。下面我们来放松放松吧。

【一边放松，一边聊天回顾。】

小结：

1. 我们折返跑时要注意：在靠近货品的时候，要降低重心，双脚一前一后，前腿发力，转移重心，拿到货品后立即转身跑回来。

2. 在有订单出示的时候，我们要关注出示的货品信息，看到后迅速做出反应，一边跑一边寻找目标货品。

【场地图示】

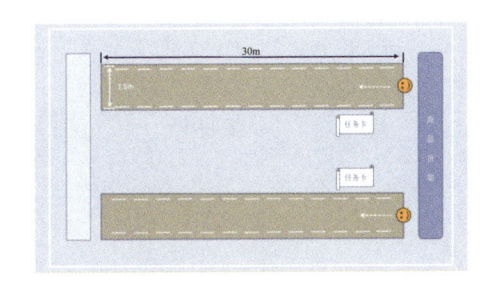

【任务单图示】

任务单图示 1 　　　　　　　　　　　　　任务单图示 2

体育游戏观察量规

	观察指标	水平 1	水平 2	水平 3	量化
动作发展	位移动作——折返跑	不能掌握折返跑动作要领	在成人提醒下，调整折返跑动作	游戏全程折返跑动作准确，能够掌握动作要领	
	位移动作——折返跑	准备时不专注，准备动作不正确	准备时能够认真准备，身体正直前倾，在提醒下目视目标处	准备时专注认真，躯干正直稍前倾，眼看前方	

续表

观察指标		水平1	水平2	水平3	量化
动作发展	位移动作——折返跑	跑动时四肢不协调，成人示范指导无效	跑动时动作不正确，在指导下能够调整姿势	跑动时，手臂反向摆动两臂屈肘于两侧，两手半握拳，拳眼向上；双脚使劲蹬地向前跑，前脚掌—脚跟着地，从脚跟过渡到脚趾发力	
脑智发展	反应——属性判断	能判断目标大小、颜色、形状等1—2个特征	能根据任务要求对当前目标进行判断，偶尔在目标大小、颜色、形状等特征上出现部分错误	能根据任务要求对当前目标进行准确判断	
	反应——规则理解	能记住规则中的重要信息	能完整记住规则中的信息，并在行动中有所体现	能完整记住多重复杂规则，并在行动中准确执行	

续表

	观察指标	水平1	水平2	水平3	量化
脑智发展	反应——起止判断	对有清晰标志的开始和结束有一定的概念，存在抢先或迟滞等行为	能够理解任务的开始和结束，在教师的要求下能够克制抢先等冲动行为	能够理解任务的开始和结束，无抢先或迟滞等行为	
	专注——避免分心	在教师的不断提示下，能在讲解或发布指令时，保持注意	在教师讲解或发布指令，或在其他小朋友发言时基本保持倾听，视线基本集中在发言者身上	在教师讲解或发布指令，或在其他小朋友发言时保持倾听，视线始终集中在发言者身上	
社会情感	自信	不相信自己能从事活动	能在成人的帮助下从事活动并肯定自己	能独立从事活动并展现自信	
	自我效能感	能在成人的引导下承担任务，并在帮助下完成	主动承担任务，遇到困难时能寻求帮助并坚持完成	主动承担任务，遇到困难时能够坚持而不轻易求助	
	沟通	活动时不能接受同伴的意见和建议	活动时愿意接受同伴的意见和建议，与同伴发生冲突时在成人的协商下解决	活动时愿意接受同伴的意见和建议，与同伴发生冲突时能自己协商解决	

续表

观察指标		水平1	水平2	水平3	量化
社会情感	团队合作	活动时不能与同伴分工合作	活动时能与同伴分工合作，遇到困难时无法克服	活动时能与同伴分工合作，遇到困难时能一起克服	

上午晨间锻炼

阶段一【D1、D2】

【方法】

在场地中，随机抽图找物品。（图片较简单，一次拿一个）

阶段二【D3、D4、D5】

【方法】

在场地中，增加更多种类的障碍物，随机抽图找物品。（图片较难，一次拿一个）

【场地图示】

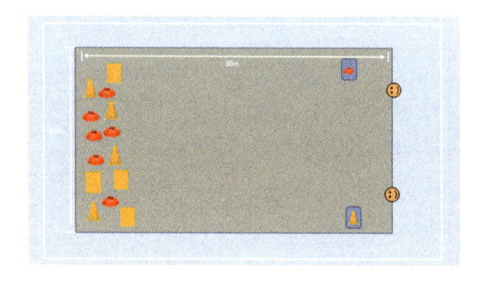

下午体育活动

阶段一【D1、D2】

【内容】宝石大作战（发展点）

【方法】

各组从起点出发,在场地中寻找和教师指令一样的宝石并折返送回来,一次拿一个。

阶段二【D3、D4、D5】

【内容】一起搭房子

【方法】

每次各组派一人从起点出发,根据图示,在场地中寻找一样搭房子的物品,一次拿一个,小组合作完成房子的搭建。

【场地图示】

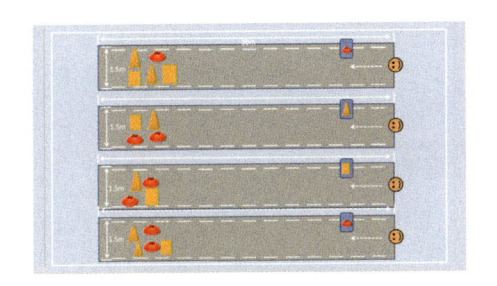

家庭亲子活动

【D1、D2】

听指令找房间里的物品,找到则进行奖励。

【D3、D4】

和父母进行找物品比赛,看谁找得多。

【D5、D6、D7】

连续发布指令,一次找 2 到 3 件家庭物品。

逛超市（第二课时）

记忆	✓✓	基本动作能力：迎面接力跑
专注	✓✓	
反应	✓✓✓	
协调	✓	
创新		

一、活动目标

1. 掌握迎面接力跑的动作要领，尝试把握领跑时机，伸手准备接力大步跑。

2. 能迅速判断订单信息，并能根据游戏信号迅速做出反应，拿到商品后快速返回。

3. 在游戏中耐心等待，勇于尝试，体验与同伴合作完成任务的快乐。

二、重难点

活动重点：尝试把握领跑时机，双脚前后开立，身体微微前倾，伸手准备接力大步跑。

活动难点：能迅速判断订单信息，并能根据游戏信号迅速做出反应，购买正确的商品。

三、活动准备

1. 经验准备：

（1）运动技能：有折返跑的经验。

（2）经历（生活方面）：有按分队服颜色分组的经验。

2. 器材准备：分队服（红、蓝各 6 件），2 个商品货架，2 个任务单支架，任务卡若干，商品信息卡片若干。

3. 场地准备：长 30 m，宽 10 m 的场地。

四、活动过程

（一）热身操导入，激活幼儿身体，提升基础心率

师：采购员们，在完成今天的任务前，我们一起活动活动自己的身体吧。

（二）游戏一，通过游戏讨论了解接力跑的动作要领

1. 将幼儿自然分成蓝、红两队，站在场地前面。

师：商场有大量订单需要采购，由于场地有限，一次只能进入两位队员。

师：每位队员完成采买后，到对面入口处与下一位击掌交接。

【请红队去 1 号口准备，蓝队去 2 号口准备，每个入口 4 人。】

师：下面请听订单信息，请每位采购员买任意一件商品，准备。【吹哨。】

2. 第一次游戏，初步探索击掌交接。

【站立成一横排进行讨论。】

教师和幼儿讨论：你是怎么交接的？如何击掌才能又快又准？【请幼儿示范动作。】

小结迎面接力跑动作要领：双脚前后开立，身体微微前倾，一只手向前，随时准备与上一名采购员击掌交接。

提示：适当地提示幼儿，这样的姿势可以让我们的交接速度更快，减少不必要的时间浪费。

3. 第二次游戏，幼儿尝试用接力跑的方法完成任务。

师：让我们用迎面接力跑的方法再次采购商品吧。

师：请购买一件黄色商品，准备。【完成后放回购物篮。】

【讨论第二轮游戏中遇到的问题，帮助幼儿巩固规范动作。】

小结：没轮到自己的时候站在起点处，耐心等待，随时做好跑的准备，一只手向前准备接应。

（三）游戏二，正向口令游戏（任务单图示1）

师：刚刚你们完成得又快又准确，又来了一批订单，这次每个人的订单信息都不一样，需要你们看清订单信息后再出发。

（四）游戏三，反口令游戏（任务单图示2）

1. 第一次游戏。

师：由于商场打印机出现了故障，这批订单上的商品信息是相反的，并且有一个星星标记。

【举例说明：这张订单上是长木板，实际要购买的是短木板。听到哨声后出发。】

集体讨论：这位采购员，你的订单信息是什么？你采购的商品是什么？

2. 第二次游戏。（任务单图示3）

师：现在有一批故障订单和正常订单混在一起了，考验各位采购员的观察能力了哦。

师：准备好了吗，听到哨声后出发。

【根据幼儿游戏的具体情况提问，相互检验准确度。】

（五）结束环节

师：小采购员们今天反应很快，而且能够耐心等待同伴，完成所有订单的采购。下面我们来放松放松吧。

【场地图示】

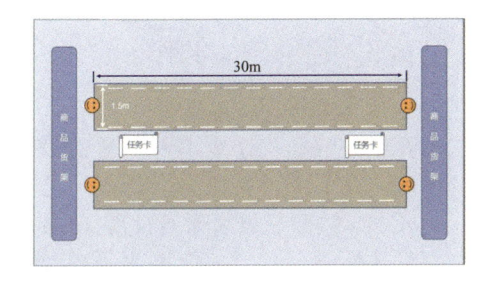

【任务单图示】

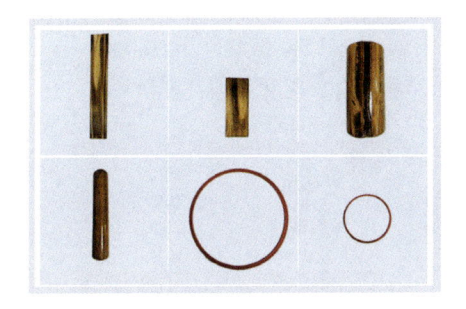

任务单图示 1

任务单图示 2

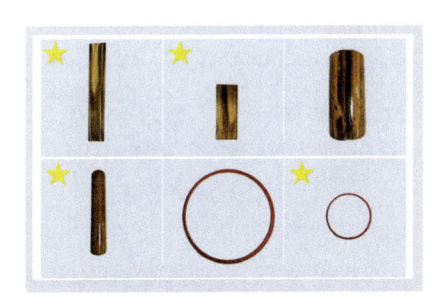

任务单图示 3

体育游戏观察量规

观察指标		水平1	水平2	水平3	量化
动作发展	位移动作——接力跑	能在提示下做出基本的起跑姿势。不知道通过摆臂来加速，动作不够协调。击掌交接时不知道要提前伸出手，动作生硬，影响整体速度	能够做出起跑姿势，重心稳定，能够在击掌后出发。知道要通过摆臂来增加速度，动作协调，保持身体平衡。提前伸手准备击掌交接，整体交接动作稳定流畅	起跑动作规范，几乎在击掌后立刻出发。能够通过摆臂增加速度，身体姿态良好，能根据距离调整速度。击掌时机精准把握，反应速度快，动作熟练、自然	
脑智发展	反应——大小判断	无法判断物体的大、小等特征	能在提醒下判断物体的大、小等特征	能迅速判断物体的大、小等特征	
	反应——规则理解	不能理解任务规则	能准确理解任务规则，无法执行任务	能准确理解任务规则并执行	
	反应——规则变化	没有关注任务规则发生变化	能关注任务规则发生变化，无法调整行为	能随任务规则变化而及时调整行为	
	专注——目标搜索	能从同类型物体中快速检索出1个目标	能从同类型物体中快速检索出2个目标	能从同类型物体中快速检索出3个及以上目标	

续表

	观察指标	水平1	水平2	水平3	量化
脑智发展	专注——避免分心	无法在教师讲解和介绍的过程中保持倾听	在教师讲解和介绍的过程中容易分心	能在教师讲解和介绍的过程中保持倾听	
社会情感	自信	不相信自己能从事活动	能在成人的帮助下从事活动并肯定自己	能独立从事活动并展现自信	
社会情感	自我效能感	能在成人的引导下承担任务，并在帮助下完成	主动承担任务，遇到困难能寻求帮助并坚持完成	主动承担任务，遇到困难能够坚持而不轻易求助	
社会情感	沟通	活动时不能接受同伴的意见和建议	活动时愿意接受同伴的意见和建议，与同伴发生冲突时在成人的协商下解决	活动时愿意接受同伴的意见和建议，与同伴发生冲突时能自己协商解决	
社会情感	团队合作	活动时不能与同伴分工合作	活动时能与同伴分工合作，遇到困难时无法克服	活动时能与同伴分工合作，遇到困难时能一起克服	
社会情感	人际关系建立与维持	能有礼貌地与人交往	能有礼貌地与人交往，注意到别人的情绪	能有礼貌地与人交往，能注意到别人的情绪，并有关心、体贴的表现	

上午晨间锻炼

阶段一【D1、D2】

【内容】勇敢的拍球手——体验返回起点（场地图示1）

【方法】

场地上设置各类障碍，幼儿双手交替拍球行进，绕过障碍到达终点后折返回起点。

阶段二【D3、D4、D5】

【内容】袋鼠接力运粮——小组接力跑（场地图示2）

【方法】

3—5组幼儿在起点处拿取空筐背在身上，跑到终点拿取袋鼠粮食，随即折返回起点，与下一名幼儿交接。

【场地图示】

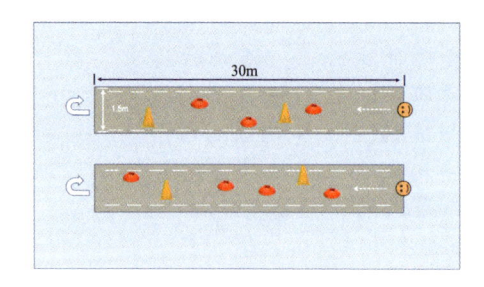

场地图示1 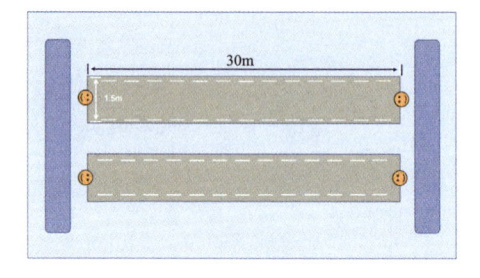 场地图示2

下午体育活动

阶段一【D1、D2】

【内容】躲避飞驰的沙包——位置判断（场地图示1）

【方法】

一组幼儿在场地边缘投掷沙包，另一组幼儿要去场地中间拿物品。尽量保证自己不被沙包砸到，并且成功拿到一个物品。

阶段二【D3、D4、D5】

【内容】穿越火线——接力棒折返（场地图示2）

【方法】

设立两个赛道，放置2个爬爬垫，以及安吉梯和攀爬架，两组同时进行游戏，到终点后拿接力棒返回起点，下一名幼儿出发。

【场地图示】

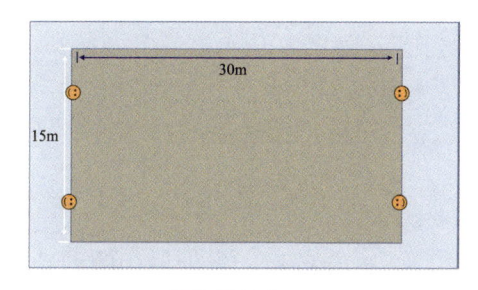

场地图示1 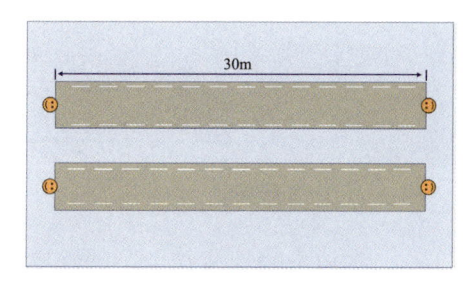　　　　　　　　　场地图示2

家庭亲子活动

【D1、D2】

抢球游戏（反应、躲避）：

在一定的安全环境内，由一方拍球，另一方试图将球抢到自己的手上，即为胜利。

【D3、D4、D5】

小小快递员（即兴判断大小、重量、颜色等）：

以言语指令的方式，让幼儿快速在家中寻找到正确的物品并拿到指定位置，如在客厅找到两个彩色玩具并拿到大门口。

逛超市（第三课时）

记忆	√√	
专注	√√	
反应	√√√√	基本动作能力：快速躲闪跑
协调	√	
创新		

一、活动目标

1. 在超市购物游戏中，能观察移动障碍物并安全躲避，掌握躲闪跑的动作要领。

2. 仔细阅读订单，能根据信号迅速做出决策和反应，拿到对应商品后快速返回。

3. 在游戏中注意观察，勇敢尝试，体验快速躲闪跑的快乐。

二、重难点

活动重点：跑动时看准躲闪跑的出发时机，安全且快速跑回。

活动难点：根据信号迅速做出反应并检索出对应商品后安全返回。

三、活动准备

1. 经验准备：

（1）运动技能：有绕障碍跑的经验。

（2）知识储备（游戏准备）：会玩马兰花开的游戏。

（3）经历（生活方面）：认识常见的相反物品。

2. 器材准备：标志杆2个，透明大筐2个，画板2个，大摆锤2个，商品货架2个，任务卡若干，分队服（红、蓝各6件），商品若干。

3. 场地准备：长30 m，宽15 m的场地。

四、活动过程

（一）反应口令游戏导入，激发幼儿活动兴趣

师：今天我们玩一玩"马兰花开"的游戏。【圆周上慢跑，听信号抱团。】你们的速度真快，现在你们都是反应灵敏的采购员。

（二）游戏一，讨论了解躲闪跑的动作要领（场地图示1）

幼儿分红、蓝两队，列队站好。

1. 第一次游戏，熟悉躲闪跑的动作要领。

师：现有大量订单需要采购，由于商场场地有限，一次只能进入两位采购员。每位采购员完成采买后，下一位接力出发。注意哦！入口处有一个大摆锤，不要被砸到哦！请采购员们准备。

师：下面请听订单信息，请每位采购员买一件圆柱体商品，准备。【吹哨。】

提示：根据幼儿游戏过程中言语指令的记忆及任务完成情况，适当提升任务难度。

【幼儿站立成一横排。】

教师和幼儿讨论：你是怎么躲避大摆锤的？【请幼儿示范动作。】

教师和幼儿总结：双脚前后开立，身体微微前倾，观察大摆锤摆动的节奏，在大摆锤摆动的空隙快速跑过去。

提示：在进行躲闪跑时，需要特别注意安全，并降低动作的难度和要求。

2. 第二次游戏，幼儿尝试用躲闪跑的方法完成任务。

师：那让我们用快速躲闪跑的方法再次采购商品吧。

师：请购买一件蓝色正方体商品，准备。【完成后放回购物篮。】

讨论第二轮游戏中遇到的问题，帮助幼儿熟悉动作要领。

小结：遇到大摆锤的时候，可以停下来观察，看准时机，快速跑过去。

提示：提醒幼儿在游戏中强化观察，并做好路线决策，快速判断商品信息，灵活调整。

（三）游戏二、正向口令游戏（场地图示2）

师：刚刚你们完成得又快又准确，又来了一批订单，分别在你们的正前方，每个人的订单信息都不一样，需要你们看清订单信息后再出发。这次商场的入口有两个大摆锤，注意避让哦！（任务单图示1）

【大摆锤数量增加，引导幼儿注意观察，快速做出判断和决策。】

教师和幼儿讨论：你买的是什么商品？任务单上只有一件商品吗？这两件商品有什么不同？

【引导幼儿发现两件商品的特征是相反的。】

（四）游戏三、反向口令游戏（场地图示2）

师：由于商场打印机出现了故障，订单上的商品信息都是相反的，并且有一个星星标记。

举例说明：这张订单上是长木板，实际要购买的是短木板。听到哨声后出发。（任务单图示2）

集体讨论：这位采购员，你的订单信息是什么？你采购的商品是什么？

（五）游戏四、自制订单游戏

师：由于打印机故障无法出单，需要采购员们一人制作一张正向或者反向订单，给其他队对照采买。

师：准备好了吗，听到哨声后出发哦。

集体小结：你的订单信息是什么？你采购的商品是什么？

（六）结束环节

师：小采购员们今天的反应很快，能根据商场物品自制订单，完成所有订单的采购。下面我们来放松放松吧。【一边放松，一边回顾总结。】

【场地图示】

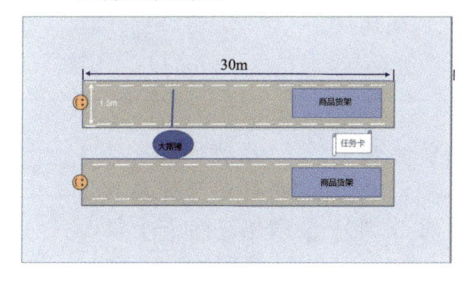

场地图示1

场地图示2

【任务单图示】

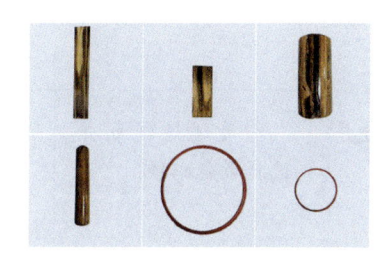

任务单图示1

任务单图示2

体育游戏观察量规

观察指标		水平1	水平2	水平3	量化
动作发展	位移动作——快速躲闪跑	不能掌握快速躲闪跑的动作要领	在成人提醒下，调整躲闪跑的动作	游戏全程躲闪跑动作准确，能够掌握动作要领	

续表

观察指标		水平1	水平2	水平3	量化
动作发展	位移动作——快速躲闪跑	准备时不专注，准备动作不正确	准备时能够认真准备，身体正直前倾，在提醒下目视目标处	准备时专注认真，躯干正直稍前倾，眼看前方	
		跑动时四肢不协调，成人示范指导无效	跑动时动作不正确，在指导下能够调整姿势	跑动时，手臂反向摆动两臂屈肘于两侧，两手半握拳，拳眼向上；注意观察，能抓准躲闪时机快速躲闪，身体协调灵敏	
脑智发展	反应——路线决策	不能规划路线	能规划并选择路线	能迅速规划并选择最优路线	
	反应——人员决策	不会选择合作同伴并完成合作	能依据任务目标在引导下选择合作同伴并完成合作	能迅速依据任务目标选择合作同伴并完成合作	
	反应——方案决策	不会确定最优方案	能依据任务目标在提醒下确定最优方案并顺利执行	能迅速依据任务目标确定最优方案并顺利执行	

续表

观察指标		水平1	水平2	水平3	量化
脑智发展	专注——视觉专注	能从同类型物体中快速检索出1个目标	能从同类型物体中快速检索出2个目标	能从同类型物体中快速检索出3个及以上目标	
	记忆——言语记忆	无法记住任务	能记住2个任务顺序	能记住3个及以上的任务顺序	
社会情感	冲动控制	不能适应与接受活动上的改变	能在外界的引导下适应和接受活动上的改变	能适应与接受活动上的改变	
	团队合作	活动时不能与同伴分工合作	活动时能与同伴分工合作，遇到困难时无法克服	活动时能与同伴分工合作，遇到困难时能一起克服	

上午晨间锻炼

阶段一【D1、D2】

【方法】

幼儿排两列纵队，听信号快速跑，终点处摆放两个标志杆，幼儿摸到标志杆后快速跑回。（场地图示1）

阶段二【D3、D4、D5】

【方法】

幼儿排两列纵队，听信号快速跑，在一堆物品中检索拿到自己需要的物品并快速返回。（场地图示2）

【场地图示】

场地图示 1 　　　　　　　　　　　场地图示 2

下午体育活动

阶段一【D1、D2】

【内容】绕障碍抢宝藏

【方法】

在户外，设置两条 S 弯障碍，终点放置一个沙包，同一时间开始出发，看谁先抢到沙包。（场地图示 1）

阶段二【D3、D4、D5】

【内容】躲避大摆锤

【方法】

一名幼儿在圆心处拿大摆锤，其他幼儿则需要去拿圆里的沙包，并且保证不被大摆锤砸到。（场地图示 2）

【场地图示】

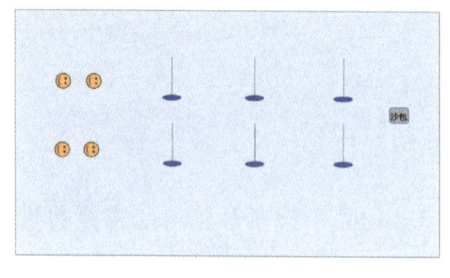

场地图示 1 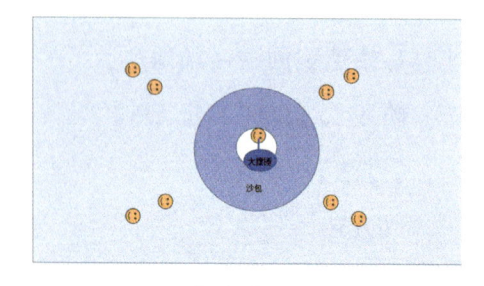　　　　　　　　　　　场地图示 2

家庭亲子活动

【D1、D2】

抢纸杯游戏:家长和幼儿面对面站立,听到信号后快速抢纸杯。

【D3、D4、D5】

躲避螃蟹:幼儿扮演小虾米,家长扮演螃蟹,幼儿需要躲避横着走的螃蟹跑去终点拿食物。

闯关大比拼

记忆		
专注		基本动作能力：快速跑
反应	✓✓	
协调	✓✓✓	
创新	✓	

一、活动目标

1. 手脚协调快跑 30 米，并根据标记快速转变跑动的方向。
2. 能变换跑步的频率和方向避让同伴，身体协调灵敏。
3. 感受参加闯关成功的骄傲与自豪，体验团队合作的快乐。

二、重难点

活动重点：能手脚交替协调地快速向前跑，并在跑动中快速反应转变方向。

活动难点：根据变化的标记，能左右身体协调配合地完成任务。

三、活动准备

1. 经验准备：

（1）运动技能准备：已掌握跑步的动作方法。

（2）知识准备（游戏准备）：有快跑时躲避同伴的经验；返回后会与同伴击掌。

（3）经历（生活方面）：认识左转、右转、掉头的箭头标记。

2. 器材准备：分队服（红、蓝、绿各4件），红、蓝、绿三色标志桶各

2个（高50 cm），红、蓝、绿左右拐弯的标记若干。

3. 场地准备：一块15 m×50 m的空旷场地。

四、活动过程

（一）情景引入，激发幼儿活动兴趣

师：今天邀请小朋友们参加一个闯关游戏，在挑战之前，我们跟着音乐一起热热身吧！

师：闯关游戏需要你们互相配合，最先完成的小组可以得到一枚勋章作为奖励。

（二）在闯关游戏中，身体协调灵活地进行变速跑、变向跑、避让跑

1. 第一关：绕一绕（变速跑）。

师：快速绕过障碍物后跑回，与下一位击掌，直到所有人完成。最先完成的队伍获得胜利！（场地图示1）

【第一个小朋友出发后，第二个小朋友做好出发的准备。】

师：恭喜你们获得胜利，你们起跑时是怎么做的？快到障碍物的时候，是怎么做的？

教师和幼儿围绕起跑、绕障碍物的动作进行讨论。

教师和幼儿总结：起跑时双脚前后站立，后腿用力蹬地。快到障碍物时，速度变慢，频率变快绕过障碍物。

师：那我们再用这个方法，试一试吧！

【根据游戏情况，增加游戏次数。】

2. 第二关：看一看（变向跑）。

（1）第一次游戏：标记不变。

师：第二关难度升级，在障碍物前多了一个箭头标记，在绕障碍的时候

按箭头标记转变跑动方向。（场地图示2）

提示：看箭头标记控制自己身体转动方向。

师：当箭头向左时，靠近障碍物时身体应该怎么转向？

【请幼儿示范并自由回答。】

教师和幼儿总结：转向时，速度减慢，向左转需要右脚向前控制身体向左转，绕过障碍物后加速跑到终点。

（2）第二次游戏：标记变换。

师：接下来箭头方向随时变化，出发时要注意观察哦！

提示：观察标记变化，及时调整步伐的大小和速度。

【幼儿游戏。】

【根据幼儿游戏中的问题，教师和幼儿讨论并解决。】

教师和幼儿总结：出发时观察与自己对应的标记箭头，接近障碍物时，减速变换方向。

3. 第三关：躲一躲（避让跑）。

（1）第一次游戏：路线变化。

师：现在来到第三关！看看场地上发生了什么变化？

提示：每队注意观察周围，灵活调整、避让，避免相互干扰和碰撞。

【引导观察发现标志桶位置交换了，不仅要绕与自己队颜色相对应的障碍，还要看清楚箭头标记的方向。】

师：挑战开始！（场地图示3）

【根据遇到的问题，教师和幼儿共同讨论。】

师：跑动中，遇到挡住自己跑动的同伴，你是怎么做的？

教师和幼儿总结：当遇到移动的障碍物时，控制自己的跑动速度躲避移动障碍物，然后再继续快跑完成任务。

（2）第二次游戏：完成小组任务。

师：接下来，难度升级，每队有一张任务卡，请仔细阅读卡上的物品数量，绕与物品数量对应的标记，然后快速跑回。（任务单图示1、2、3）

提示：关注幼儿在游戏中的情绪状态，表扬与鼓励幼儿坚持游戏、不怕困难等榜样行为。

（3）第三次游戏：完成个人任务。

师：每人有一张任务卡，请你们在组里找一个同伴，两两结对。（任务单图示4、5、6）

【一个人完成任务的时候另一个人检验。两人轮流出发。】

师：你们都完成了吗？都对应上正确的数量了吗？恭喜你们完成任务！

（三）结束活动

1. 放松整理。

师：今天我们玩了什么游戏？怎么完成任务的？

【一边放松，一边回顾总结。】

2. 小结。

师：跑动时，注意观察箭头标志，快到障碍物时，速度变慢，频率变快绕过障碍物。

【场地图示】

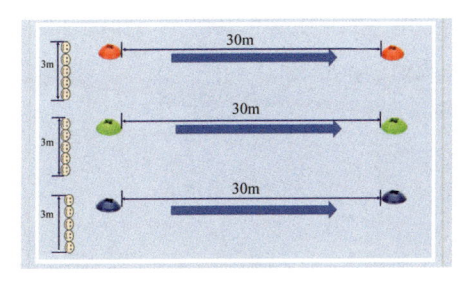

场地图示1 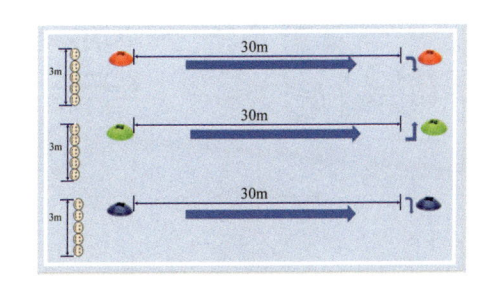　　　　　　　　　　　　场地图示2

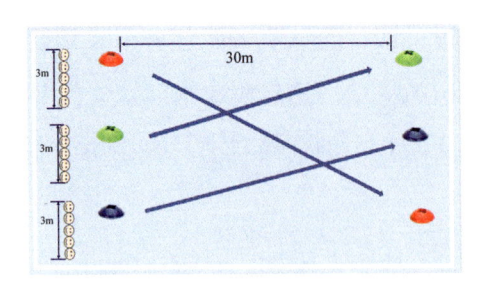

场地图示 3

【任务单图示】

任务单图示 1

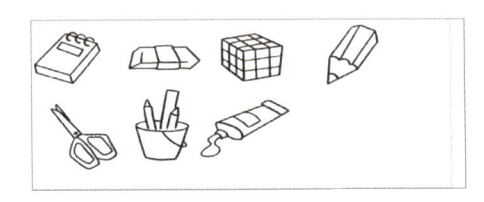

任务单图示 2

任务单图示 3

任务单图示 4

任务单图示 5

任务单图示 6

体育游戏观察量规

观察指标		水平1	水平2	水平3	量化
动作发展	位移动作——跑	有意识地运用跑步姿势，但动作不标准。准备时不专注，准备动作不正确。跑动时四肢不协调，成人示范指导无效	快速跑时，能变换频率和方向。准备时能够认真准备，身体正直前倾，在提醒下目视目标处。跑动时动作不正确，在指导下能够调整姿势	快速跑时，能变换频率和方向，并能避让同伴，能够掌握动作要领。准备时专注认真，躯干正直稍前倾，眼看前方。跑动时，手臂反向摆动，两臂屈肘于两侧，两手半握拳，拳眼向上；双脚使劲蹬地向前跑，前脚掌——脚跟着地，从脚跟过渡到脚趾发力	
脑智发展	反应——路线决策	对差异明显的任务路线有一定的描述	能够大致用语言描述自己选择的路线，但在任务过程中仍然会出现往返、反复等寻路行为	能够用语言描述自己选择的路线，在任务过程中动态调整至最优路线并迅速完成任务	
	协调——左右配合	在左右对称的运动中，不能保持左右侧手脚动作的准确性和稳定性	在左右对称的运动中，表现出一定的准确性，但稳定性稍差	在左右对称的运动中，表现出一定的准确性与稳定性，但持续时间不长	

续表

观察指标		水平1	水平2	水平3	量化
脑智发展	协调——左右交替	在简单的左右交替动作中，左右手和左右脚的动作对称、协调	在复杂的左右交替动作中，左右手和左右脚的动作对称、协调	在连续复杂的左右交替动作中，左右手和左右脚的动作对称、协调	
	协调——平衡能力	在一定的干扰下能保持身体重心的稳定	在中等强度的干扰下能保持身体重心的稳定	在持续中等强度的干扰下能保持身体重心的稳定	
	协调——跑跳能力	能不间断地跑跳过2个一定高度和宽度的障碍物	能不间断地跑跳过3到5个一定高度和宽度的障碍物	能不间断地跑跳过5个以上一定高度和宽度的障碍物	
社会情感	自我效能感	能在成人的引导下承担任务，并在帮助下完成	主动承担任务，遇到困难能寻求帮助并坚持完成	主动承担任务，遇到困难能够坚持而不轻易求助	
	冲动控制	不能适应与接受活动上的改变	能在外界的引导下适应和接受活动上的改变	能适应与接受活动上的改变	

上午晨间锻炼

阶段一【D1、D2】

【方法】

看标记快速反应变向跑。（场地图示 1）

阶段二【D3、D4、D5】

【方法】

在快速跑的过程中，增加固定障碍和移动障碍，幼儿快速反应躲避并看标记变向跑。（场地图示 2）

【场地图示】

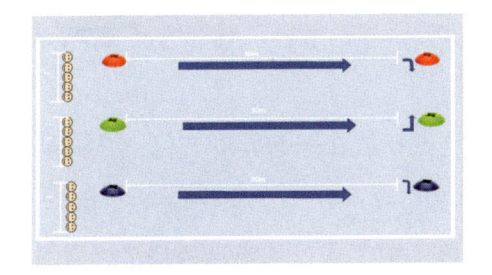

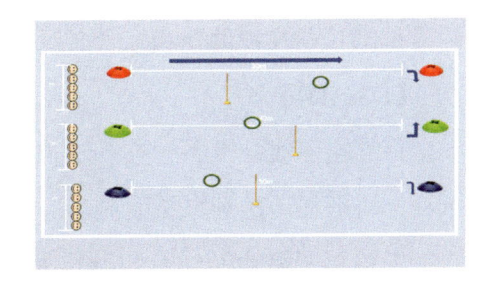

场地图示 1　　　　　　　　　　　场地图示 2

下午体育活动

阶段一【D1、D2】

【内容】树林探险

【方法】

每名幼儿能快速绕过障碍跑到终点后返回。（场地图示 1）

阶段二【D3、D4、D5】

【内容】绕障碍接力比赛

【方法】

幼儿听到哨声后快速绕过障碍跑到终点后返回与下一名幼儿击掌，最先结束的小组获得胜利。（场地图示 2）

【场地图示】

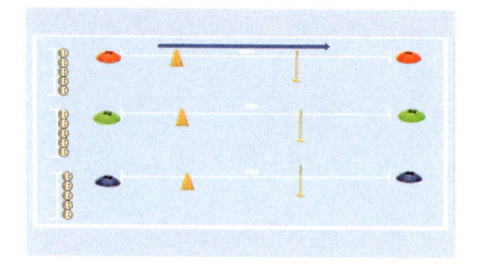

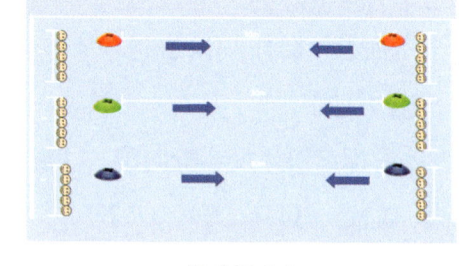

场地图示 1　　　　　　　　　　　场地图示 2

家庭亲子活动

【D1、D2】

抢纸杯游戏：幼儿和家长面对面站立，听信号抢纸杯，看谁的反应快。

【D3、D4】

1. 支援前线：准备一些一次性纸杯，将纸杯放在一起，幼儿每次拿一个纸杯，将纸杯运送到家长面前。

2. 抢椅子游戏：幼儿和家长听音乐绕椅子跑，音乐结束后抢椅子，看谁的反应快。

【D5、D6、D7】

1. 小小运输员：准备一些毛绒玩具，将毛绒玩具散落在家里的各个角落，开始后，幼儿快速将所有毛绒玩具收集到指定位置。

2. 罐罐套圈：把3个奶粉罐间隔排列成一竖排，幼儿站在第一个奶粉罐旁，妈妈站在第二个奶粉罐旁，幼儿从第一个奶粉罐上取下一个圈，跑到第二个奶粉罐旁，传递给妈妈，妈妈跑到第三个奶粉罐前，将圈套上，直到圈全部套到第三个奶粉罐上就成功。

袋鼠跳跳乐（第一课时）

记忆		
专注	✓✓	基本动作能力：立定跳高
反应	✓	
协调	✓✓✓	
创新		

一、活动目标

1. 练习原地跳过高度超过 20 cm 的障碍物，发展下肢弹跳能力。

2. 能积极地探索不同障碍的玩法，用立定跳高的方法协调地跳过障碍物。

3. 愿意与同伴合作游戏，专注地投入跳高活动，勇于挑战自我。

二、重难点

活动重点：能跳过高度超过 20 cm 的障碍物，不碰到障碍物。

活动难点：大胆尝试跳过高度在 25 cm—35 cm 的障碍物，保持身体的协调性。

三、活动准备

1. 经验准备：

（1）运动技能储备：幼儿有跳障碍物的经验。

（2）知识储备（游戏准备）：了解袋鼠轻盈、爱跳跃的特征。

（3）经历（生活方面）：有小组分工合作游戏的经验。

2. 器材准备：标志桶（16 个高度为 25 cm，6 个高度为 35 cm），2 m 标志杆 8 根，鞋盒 20 个（高 10 cm），跨栏 4 个（高 20 cm），水果（多于 96 个），水果篮 4 个。

3. 场地准备：6 m×10 m 的空旷场地，布置成四路纵列，跳障碍物的路径为 6 m。

四、活动过程

（一）开始部分

1. 热身活动。

师：小袋鼠们，跟着袋鼠妈妈一起跳一跳吧！

【教师和幼儿围绕跑道跳一跳，做热身运动。】

2. 检验跳的本领，接收任务：帮农民伯伯运水果。

师：膝盖弯一弯，往上跳。比比谁跳得高。

【幼儿站在同一条起跳线前，尝试双手自然摆动，向上跳。】

（二）通过三种游戏，尝试和体验立定跳高

1. 游戏一：鞋盒挑战赛。（场地图示 1）

师：第一关，自由选择路线，跳过跨栏和鞋盒，取一个水果，再原路跳回来，最先完成的队伍获得胜利。

提示：听哨音出发，集中注意力，及时与同伴击掌互动，顺利出发。

师：起跳时要怎么做？快到障碍物的时候，速度应该变快还是变慢？

【引导幼儿发现起跳的动作变化和遇到障碍物的解决方法。】

小结：快到障碍物的时候，跑步速度变快，膝盖弯一弯，向上向前跳，跳过障碍。

【根据游戏情况，可增加游戏次数。】

2. 游戏二：跨栏挑战赛。（场地图示 2）

师：来到第二条赛道，这一次你们还能跳过去吗？【吹哨，出发。】

提示：听哨音出发，观察路线分布，平稳跳过跨栏，不碰到跨栏。

师：你们跳过障碍物前，离障碍物有多长距离？【请幼儿说一说，跳一跳。】

【引导幼儿发现落地的声音变化，鼓励幼儿尝试轻轻落地。】

小结：距离障碍物远一些，加快助跑速度，跳得高一些，不碰到障碍物。

【根据游戏情况，可增加游戏次数。】

3. 游戏三：跨栏升级赛。（场地图示3）

师：跨栏挑战赛升级啦！跨栏的高度有什么变化？跳过障碍物，不碰到障碍物。

提示：听哨音出发，自由选择路线，轻轻起跳和落地，运回水果。

师：你们发现跳的时候是哪里在用力？哪里感到很累？

小结：立定跳高，遇到高的障碍，会用到我们的膝盖和腿部的力量，带动我们的身体轻轻起跳，向上跳，膝盖向前弯曲，轻轻落地。

【根据游戏情况，可增加游戏次数。】

(三) 结束环节

师：恭喜你们学会了立定跳高的新本领，还帮助农民伯伯运送了水果，真能干。

【一边调整呼吸，拉伸腿部肌肉，一边聊天回顾，最后共同整理器械。】

小结：当我们遇到障碍的时候，要用膝盖和腿部的力量，屈膝带动身体向上向前跳，前脚掌轻轻落地，这样就能安全跳过去哦！

【场地图示】

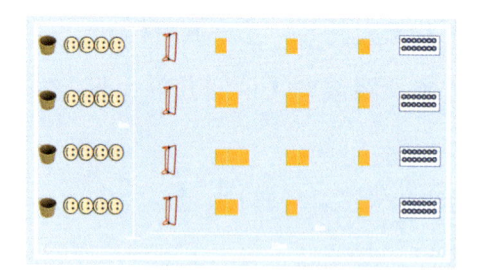

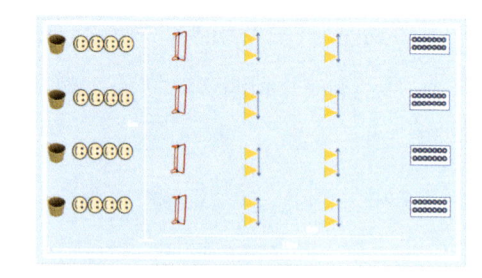

场地图示 1

场地图示 2

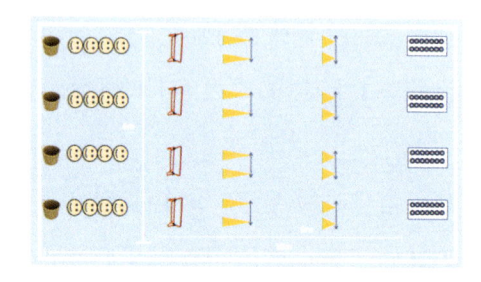

场地图示 3

体育游戏观察量规

观察指标		水平1	水平2	水平3	量化
动作发展	位移动作——立定跳高	能双手自然摆动，屈膝向上向前跳，落地屈膝，脚下不平稳	在成人提醒下，双手能自然摆动，膝盖弯曲，向上向前跳，屈膝落地，落地较平稳	双手自然摆动，膝盖弯曲，向上向前跳。落地时屈膝，前脚掌先落地，落地平稳	
		准备时不专注，准备动作不正确	准备时能够认真准备，身体保持直立，在提醒下目视目标处	准备时专注认真，身体保持直立，起跳时双腿尽量向上伸直，增加跳跃高度	

续表

观察指标		水平1	水平2	水平3	量化
脑智发展	专注——视听抑制	在面对复杂视觉和听觉信息时，在提示下才能选取和处理关键信息	在面对复杂视觉和听觉信息时，能选取和处理部分关键信息	在面对复杂视觉和听觉信息时，能高效选取和处理关键信息	
	反应——空间判断	能判断1—2个目标的数量、位置、线路及范围，可能对线路和范围的判断出现偏差	能判断3—5个目标的数量、位置、线路及范围，可能对范围判断出现偏差	能精准判断目标的数量、位置、线路及范围	
	协调——左右配合	在左右对称动作中，表现出一定的准确性，但稳定性稍差	在左右对称动作中，表现出一定的准确性与稳定性，但持续时间不长	在左右对称动作中，表现出一定的准确性与稳定性，并能持续较长时间	
	协调——左右交替	在简单的左右交替动作中，左右手和左右脚的动作对称、协调	在复杂的左右交替动作中，左右手和左右脚的动作对称、协调	在连续复杂的左右交替动作中，左右手和左右脚的动作对称、协调	
	协调——跑跳能力	能不间断地跑跳过2个一定高度和宽度的障碍物	能不间断地跑跳过3—5个一定高度和宽度的障碍物	能不间断地跑跳过5个以上一定高度和宽度的障碍物	

续表

观察指标		水平1	水平2	水平3	量化
社会情感	冲动控制	不能适应与接受活动上的改变	能在外界的引导下适应和接受活动上的改变	能适应与接受活动上的改变	
	团队合作	活动时不能与同伴分工合作	活动时能与同伴分工合作，遇到困难时无法克服	活动时能与同伴分工合作，遇到困难时能一起克服	

上午晨间锻炼

阶段一【D1、D2】

【内容】弹球赛——跳鞋盒弹球

【方法】

幼儿双手抱球，跳过20 cm以上高度的鞋盒，然后将球往轮胎里快速弹一次，再返回，与下一名幼儿击掌，下一名幼儿击掌后出发。（场地图示1）

阶段二【D3、D4、D5】

【内容】拍球赛——自选任务卡拍球

【方法】

依次出发，双手抱球，快速跳过25 cm—35 cm高的障碍物，然后自选一张相应数量的拍球任务卡，完成拍球任务后返回，与下一名幼儿击掌，下一名幼儿击掌后出发。（场地图示2）

【场地图示】

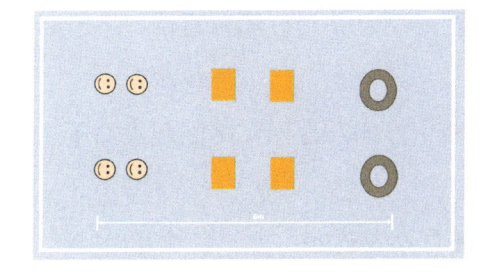

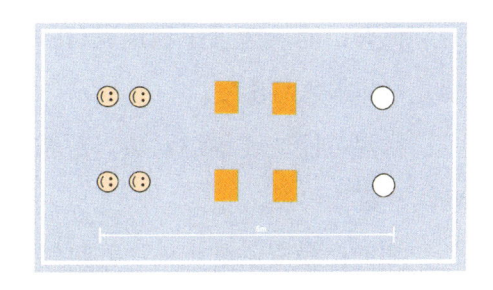

场地图示 1　　　　　　　　　　　　场地图示 2

下午体育活动

阶段一【D1、D2】

【内容】小马过河

【方法】

幼儿分成两组进行比赛，先完成过河任务的小组获胜。幼儿一个接着一个，跳过每一个 20 cm 高的障碍物（石头），跳完所有的石头，就算过河成功，注意保持安全距离。（场地图示 1）

阶段二【D3、D4】

【内容】解救好朋友——立定跳高

【方法】分成两组，计时进行比赛，在规定时间内解救好朋友数量最多的小组获胜。幼儿依次跳过 25 cm—35 cm 高的障碍物（石头），跳完所有的石头，解救困在对岸的好朋友，一次只能解救一个好朋友，带着好朋友再跳回来，和下一位组员击掌，下一位组员出发。（场地图示 2）

阶段三【D5】游戏进阶

【方法】

1. 接力时能用击掌的方式进行。

2. 每一次都能平稳地跳过石头，控制好前进和返回的时间，尽量加快速度，减少完成任务的时间。

评价标准：

优秀：能快速且平稳地跳过石头，解救好朋友并带好朋友返回，下一名幼儿与其击掌后出发。

肯定：能快速跳过石头，解救好朋友并带好朋友返回，跑回起点后下一名幼儿直接出发。

加油：慢慢跳过石头，解救好朋友并带好朋友返回，下一名幼儿出发。

【场地图示】

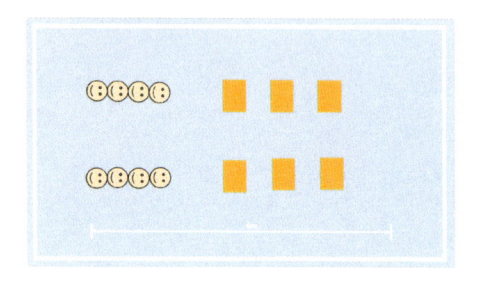

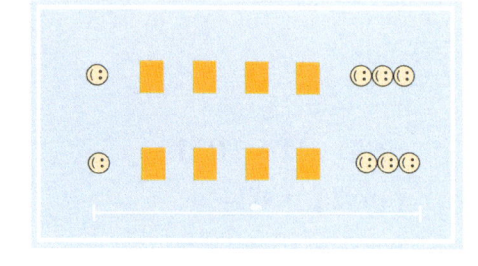

场地图示1　　　　　　　　　　　　场地图示2

家庭亲子活动

【D1、D2】

1. 在同一位置，练习连续屈膝向上跳，增加原地跳跃高度。

2. 抽取数字卡，抽到数字几，就连续跳几次，规范基本动作。

【D3、D4】

1. 跳皮筋：爸爸、妈妈在两边将皮筋拉成一条直线，不断变化皮筋的高度（20 cm—35 cm），孩子快速反应，跳到皮筋对面，反复游戏。

2. 角色交换，可以换孩子拉皮筋，爸爸或妈妈跳皮筋。

【D5、D6、D7】

1. 爸爸和妈妈分别抱着孩子屈膝向上跳，比一比谁跳得高。

2. 爸爸和妈妈轮流抱着孩子，从起点出发跳过皮筋组成的20 cm—35 cm高的障碍，每一轮计时，用时少的一方获胜。

袋鼠跳跳乐（第二课时）

记忆		
专注	✓✓	基本动作能力：立定跳高
反应	✓	
协调	✓✓✓	
创新		

一、活动目标

1. 能原地跳过 25 cm 以上高度的障碍物，发展下肢弹跳能力。
2. 积极挑战跳过不同高度的障碍物，熟练掌握落地动作。
3. 愿意与同伴合作游戏，提高自我保护能力。

二、重难点

活动重点：能跳过 25 cm 以上高度的障碍物，且不碰到障碍物。

活动难点：大胆尝试跳过高度在 25 cm—45 cm 的障碍物，能说出跳高动作要领。

三、活动准备

1. 经验准备：

（1）运动技能储备：幼儿有跳过 20 cm 高度障碍物的经验。

（2）知识储备（游戏准备）：了解袋鼠轻盈、爱跳跃的特征。

（3）经历（生活方面）：有小组分工合作游戏的经验。

2. 器材准备：标志桶（8 个高度为 35 cm，8 个高度为 45 cm），2 m 标志杆 8 根，鞋盒 45 个（高 10 cm），跨栏 4 个（高 20 cm），水果（多于 96 个），水果篮 4 个。

3. 场地准备：6 m×10 m 的空旷场地（布置成四路纵列，跳障碍物的路径为 6 m），12 m×12 m 的场地（材料围绕四边摆放）。

四、活动过程

（一）创设情境、热身准备

师：小袋鼠们，果园里又长出了许多水果，运水果之前，我们先热身吧！【重点热身下肢。】

（二）游戏部分：挑战赛

1. 游戏一：鞋盒挑战赛。（场地图示 1）

（1）第一次游戏。（任务单图示 1）

师：每队 4 人，每人按照图纸拿 2 个鞋盒，摆成图纸所示的场地。先跳过障碍，每次取 3 个水果，再原路跳回来，注意保持身体协调，最先完成的队伍获得胜利！【吹哨—出发】

师：恭喜你们获得胜利，你们获胜的秘诀是什么？

【引导幼儿发现起跳的动作变化和遇到障碍物的解决方法。】

小结：原来快到障碍的时候，速度要变快，小手摆一摆，膝盖弯一弯，向上向前跳，跳过障碍。

（2）第二次游戏。（任务单图示 2）

师：小袋鼠们，看看图纸有什么新的变化。这一次每人拿 3 个鞋盒，你们有信心挑战成功吗？

师：前面的同伴回来时，接下来出发的小袋鼠，应该做好什么准备？

总结：接下来出发的小袋鼠，要做好击掌的准备，可以提前把小手掌准备好。

【根据游戏情况,可增加游戏次数。】

2.游戏二:鞋盒升级挑战赛。(场地图示2)

(1)第一次游戏。

师:小袋鼠们,你们看看场地有什么变化?

师:每队取4个水果,保持身体协调。【吹哨—出发】

师:小袋鼠有什么好办法能让落地声音变小?

【引导幼儿发现落地的声音变化,鼓励幼儿尝试轻轻落地。】

师总结:原来跳高时,遇到高的障碍要轻轻起跳,向上跳,膝盖弯曲,轻轻落地。

(2)第二次游戏。

师:小袋鼠们,这一次我们换个方向取水果。

师:这次游戏中,你有什么问题需要帮助吗?

师总结:距离障碍物远一些,助跑加快速度,跳得高一些,不碰到障碍。

【根据游戏情况,可增加游戏次数。】

3. 游戏三:终极挑战。(场地图示3)

(1)第一次游戏。

师:小袋鼠们,挑战升级,看场地有什么变化。这一次加入了不同高度的障碍物,任意取5个水果。保持身体协调,不碰到障碍。【吹哨—出发】

师:你们都挑战成功了吗?落地时身体有什么变化?

【引导幼儿发现落地时的脚掌动作变化,学会保护膝盖。】

师总结:落地时,膝盖弯曲,前脚掌先落地,保护我们的膝盖。

(2)第二次游戏。

师:还有一些水果在篮子里,这一次要把水果全都运完哦!【吹哨—出发】

师：恭喜你们挑战成功，你们跳过障碍，是怎么落地的？

【根据游戏情况，可增加游戏次数。】

（三）结束环节

教师和幼儿一起调整呼吸，拉伸腿部肌肉，共同整理器械。

师：恭喜你们学会了立定跳高的新本领，还帮助农民伯伯运送了水果。希望你们今后能继续迎接更多的挑战！

【场地图示】

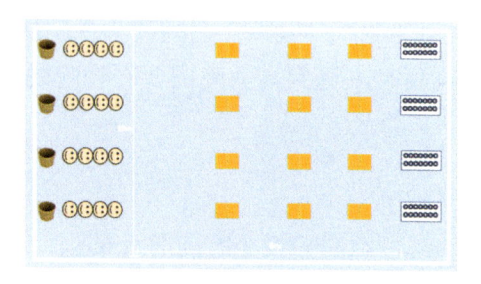

场地图示 1

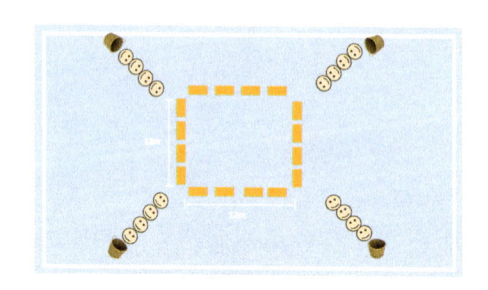

场地图示 2

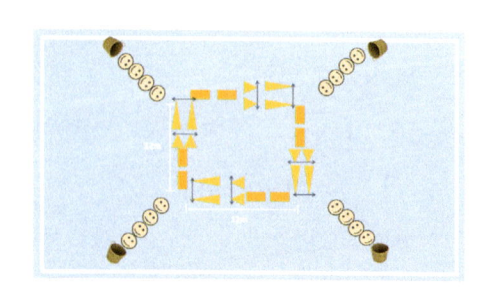

场地图示 3

【任务单图示】

任务单图示 1

任务单图示 2

体育游戏观察量规

观察指标		水平1	水平2	水平3	量化
动作发展	位移动作——立定跳高	能双手自然摆动，屈膝向上向前跳，落地屈膝，脚下不平稳	在成人提醒下，双手能自然摆动，膝盖弯曲，向上向前跳，屈膝落地，落地较平稳	双手自然摆动，膝盖弯曲，向上向前跳，落地时屈膝，前脚掌先落地，落地平稳	
		准备时不专注，准备动作不正确	准备时能够认真准备，身体保持直立，在提醒下目视目标处	准备时专注认真，身体保持直立，起跳时双腿尽量向上伸直，增加跳跃高度	
脑智发展	专注——视听抑制	在面对复杂视觉和听觉信息时，在提示下才能选取和处理关键信息	在面对复杂视觉和听觉信息时，能选取和处理部分关键信息	在面对复杂视觉和听觉信息时，能高效选取和处理关键信息	
	反应——空间判断	能判断1—2个目标的数量、位置、线路及范围，可能对线路和范围的判断出现偏差	能判断3—5个目标的数量、位置、线路及范围，可能对范围判断出现偏差	能精准判断目标的数量、位置、线路及范围	
	协调——左右配合	在左右对称动作中，表现出一定的准确性，但稳定性稍差	在左右对称动作中，表现出一定的准确性与稳定性，但持续时间不长	在左右对称动作中，表现出一定的准确性与稳定性，并能持续较长时间	

续表

观察指标		水平1	水平2	水平3	量化
脑智发展	协调——左右交替	在简单的左右交替动作中，左右手和左右脚的动作对称、协调	在复杂的左右交替动作中，左右手和左右脚的动作对称、协调	在连续复杂的左右交替动作中，左右手和左右脚的动作对称、协调	
	协调——跑跳能力	能不间断地跑跳过2个一定高度和宽度的障碍物	能不间断地跑跳过3—5个一定高度和宽度的障碍物	能不间断地跑跳过5个以上一定高度和宽度的障碍物	
社会情感	冲动控制	不能适应与接受活动上的改变	能在外界的引导下适应和接受活动上的改变	能适应与接受活动上的改变	
	团队合作	活动时不能与同伴分工合作	活动时能与同伴分工合作，遇到困难时无法克服	活动时能与同伴分工合作，遇到困难时能一起克服	

上午晨间锻炼

阶段一【D1、D2】

【内容】鲤鱼跃龙门

【方法】

幼儿依次出发，连续跳过高度为25 cm—35 cm的鞋盒，然后迅速灵活跳过高度为35 cm的龙门，即可挑战成功。（场地图示1）

阶段二【D3、D4、D5】

【内容】鲤鱼跳球赛

【方法】

从起点依次出发，跳过高度为 35 cm—45 cm 的鞋盒，到达终点的羊角球处，双脚打开，跳过羊角球。（场地图示 2）

【场地图示】

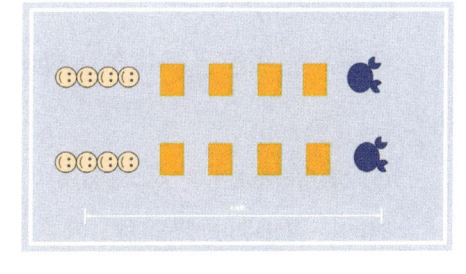

场地图示 1　　　　　　　　　　场地图示 2

下午体育活动

阶段一【D1、D2】

【内容】投沙包

【方法】

幼儿分成两组，计时进行比赛，用时少的一组获胜。幼儿连续跳过高度为 25 cm—35 cm 的鞋盒，将沙包投进轮胎内。再返回，与下一名幼儿击掌，下一名幼儿击掌后出发。（场地图示 1）

阶段二【D3、D4】

【内容】守护阵地

【方法】

幼儿连续跳过高度为 35 cm—45 cm 的障碍物，然后跳过轮胎，即可成功守护阵地 1 次。再返回，与下一名幼儿击掌，下一名幼儿击掌后出发。（场

地图示2）

阶段三【D5】单元测试

【方法】

1. 接力时能用击掌的方式进行。

2. 每一次都能平稳地跳过栏杆和轮胎，控制好前进和返回的时间，尽量加快速度，减少完成任务的时间。

【评价标准】

优秀：能快速且平稳地跳过障碍物，返回后，下一名幼儿与其击掌后出发。

肯定：能快速且平稳地跳过障碍物，跑回起点后下一名幼儿直接出发。

加油：慢慢跳过障碍物，下一名幼儿出发。

【场地图示】

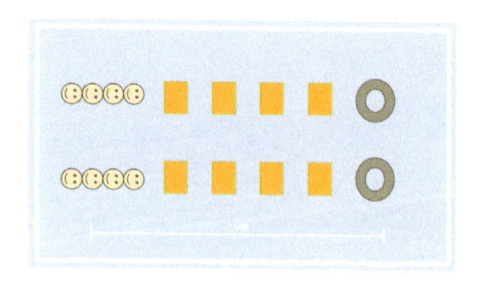

场地图示1

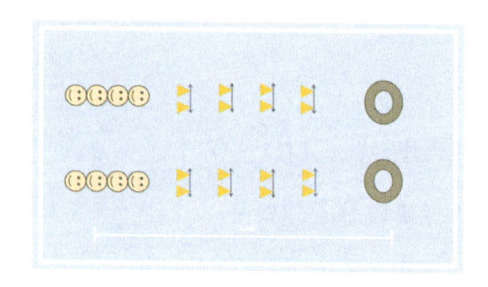

场地图示2

家庭亲子活动

【D1、D2】

1. 家长在终点举着长条，高度超过孩子身高，孩子从起点出发，助跑到终点，向上触碰长条。

2. 根据不同高度，设置3分、2分和1分的积分赛，最后累计总得分。

【D3、D4】

1. 在终点的门上粘宽胶带，高度超过孩子身高。幼儿从起点出发，将海洋球粘到宽胶带上，再返回。一次只能粘一个海洋球。

2. 家长游戏时，可以提升高度，高度超过成人身高。

【D5、D6、D7】

1. 家长准备足够的一样大的书本，家长从一本书到多本书逐渐垒高，请幼儿跳过书本。书本堆得越高，孩子的挑战越大。

2. 角色交换，幼儿垒高书本，家长跳跃过书本。家长游戏时，可以准备更多的书，或者用大小相同的其他物品代替。

运粮食

记忆	
专注	√√
反应	
协调	√√√
创新	√

基本动作能力：平衡

一、活动目标

1. 能在平衡木上两脚交替走，步伐均匀、频率较快，身体能保持平衡。

2. 尝试平衡走的同时协调手眼并保持盘中的物体不掉出。

3. 勇于克服困难和挑战，敢于尝试，游戏中保持冷静不慌张。

二、重难点

活动重点：能在不同高度、坡度的平衡木上稳步走。

活动难点：能在平衡木上稳步走的同时协调手部平衡。

三、活动准备

1. 经验准备：

（1）运动技能准备：幼儿有一定的平衡能力，能在窄道上移动。

（2）知识储备：能听懂数量要求。

（3）经历（生活方面）：知道秋天农民伯伯要秋收。

2. 器材准备：不同高度和坡度的平衡木3组（①高25 cm、宽20 cm、长 3 m，②高 35 cm、宽 20 cm、长 3 m，③斜坡平衡木：宽 20 cm、长 3 m），蔬菜玩具（椭圆形）若干，板栗若干，圆形果子若干，收纳筐 6 个，音乐。

3. 场地准备：1 块 15 m×20 m 的空旷场地。

四、活动过程

（一）热身活动

师：秋天来了，许多粮食都成熟了，今天我们要来帮忙运粮食。运粮的路上有三座独木桥，我们去看看吧！

【教师带幼儿走线、跑线、走平衡木热身。】

（二）多层次游戏，锻炼平衡协调能力

1. 游戏一：运蔬菜。

（1）比较三座桥的差异。

师：这三座桥一样吗？哪里不一样？

【引导幼儿观察三座桥的高度、宽度、坡度的差异。】

（2）介绍游戏材料和玩法。

师：你们要在桥头拿三个蔬菜放在托盘里，保持身体平衡走过独木桥，放到对面的粮仓里。请选择你们想通过的独木桥，去试一试吧！

提示：鼓励幼儿评估自己的能力，选择适宜难度的独木桥进行游戏。

（3）引导幼儿两脚交替走，眼往前下方看。

【幼儿尝试游戏 1—2 次，根据游戏情况，鼓励幼儿选择更高难度的独木桥进行挑战。】

（4）小结：想要稳稳地通过独木桥，就要左右脚交替向前走，眼睛时刻关注手里的东西和桥面，保持身体的平衡。

【预判问题及处理：

问题一：幼儿不敢交替走，或速度很慢。

处理一：幼儿先尝试并步走，教师再扶住幼儿手臂，提醒幼儿尝试两脚交替走。

问题二：幼儿速度过快或不稳，蔬菜从托盘里掉下来。

处理二：提醒幼儿眼睛看前下方，保持步伐的稳定和身体的平衡。】

2. 游戏二：运板栗。

（1）介绍游戏玩法。

师：这一次，我们要帮忙运板栗。

（2）个别幼儿示范。

师：请一个小朋友先来试一试。

师：在我们运的过程中，托盘不能倚靠任何地方，这样才能更有挑战哦。

（3）幼儿选择一条路线尝试，根据幼儿游戏情况，每人走1—2次。

提出要求：一次拿不超过4个板栗。

再次游戏，提出要求：一次拿不超过6个板栗。

（4）小结：走独木桥的过程中，不仅要保持身体平衡，还要协调手部平衡，不让板栗掉下去。

3. 游戏三：运果子。

（1）师：瞧，我这里还有一些果子，它们是什么形状的？（圆形）那运起来更难啦，你们能成功吗？

（2）幼儿选择路线进行游戏，教师指导。

提出要求：一次运2个不同的果子。

（3）讨论游戏中遇到的问题。

【根据幼儿游戏中遇到的问题，教师和幼儿共同讨论并解决。】

再次游戏。

（4）师：地上还有许多果子，这次请你们去试试其他的路线。

提出要求：一次运送3个不同的果子。

（5）游戏评价，分享游戏经验。

师：你们都成功把果子运过去了吗？你有什么成功的秘诀吗？

【预判问题及处理：

问题一：幼儿连续挑战失败，果子掉落。

处理一：请他尝试低矮独木桥，走顺一次后再尝试高难度的。

问题二：幼儿成功率较高，游戏难度不够。

处理二：增加果子的数量，鼓励幼儿选择容易滚动的果子。】

(三) 结束活动

1. 师：今天你们帮忙把许多粮食运过了独木桥，真是太感谢了。我们一起休息一下吧！

【一边放松，一边聊天回顾。】

2. 小结：我们在走独木桥的过程中，不仅要保持身体的平衡，还要协调手部平衡，不让托盘里的东西滚落下去。

【场地图示】

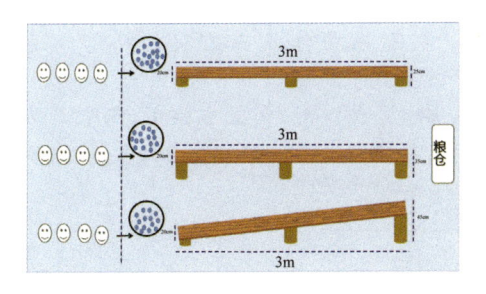

体育游戏观察量规

观察指标		水平1	水平2	水平3	量化
动作发展	非位移动作——平衡	喜欢在斜坡、荡桥、田埂上走，不能在斜坡、荡桥上较平稳地行走	喜欢在斜坡、荡桥、田埂上走，能从斜坡、荡桥和有一定间隔的物体上穿过	喜欢在斜坡、荡桥、田埂上走，能在斜坡、荡桥上平稳地行走	
脑智发展	协调——摆放能力	能将托盘端平	能将托盘端平，并保持盘内物品不掉落	能随盘内物品滚动调整托盘的平衡	
	协调——左右配合	在左右对称动作中，表现出一定的准确性，但稳定性稍差	在左右对称动作中，表现出一定的准确性与稳定性，但持续时间不长	在左右对称动作中，表现出一定的准确性与稳定性，并能持续较长时间	
	协调——左右交替	在简单的左右交替动作中，左右手和左右脚的动作对称、协调	在复杂的左右交替动作中，左右手和左右脚的动作对称、协调	在连续复杂的左右交替动作中，左右手和左右脚的动作对称、协调	
	协调——平衡能力	在一定干扰下能保持身体重心的稳定	在中等强度的干扰下能保持身体重心的稳定	在持续中等强度的干扰下能保持身体重心的稳定	

续表

观察指标		水平1	水平2	水平3	量化
社会情感	自我效能感	能在成人的引导下承担任务，并在帮助下完成	主动承担任务，遇到困难能寻求帮助并坚持完成	主动承担任务，遇到困难能够坚持而不轻易求助	
	目标设定	不能持续专注地做一件事情（20—30分钟）	遇到问题能在成人的引导下持续专注地做一件事情（20—30分钟）	即使遇到问题也能持续专注地做一件事情（20—30分钟）	

上午晨间锻炼

阶段一【D1、D2】

【方法】

幼儿挑战快步通过平衡木，自己选择难度，直至两种难度的平衡木都能平稳且较为快速地通过，并把托盘内的物品平稳运达。（场地图示1）

阶段二【D3】

【方法】

将高度不一的梅花桩呈S形路线摆放，幼儿能连续跨越并稳踩在梅花桩上运送物品，过程中托盘内物品不掉落。（场地图示2）

阶段三【D4、D5】

【方法】

幼儿走高35 cm，宽15 cm的平衡木，先跨越一个平衡木上的障碍后，

到达中间捡起身旁的沙包，继续前行跨越一个障碍后，平稳到达终点。（场地图示 3）

【场地图示】

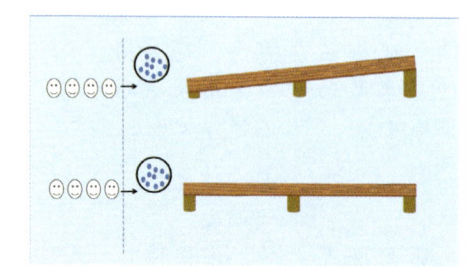

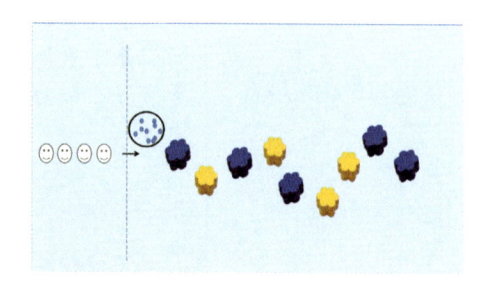

场地图示 1

场地图示 2

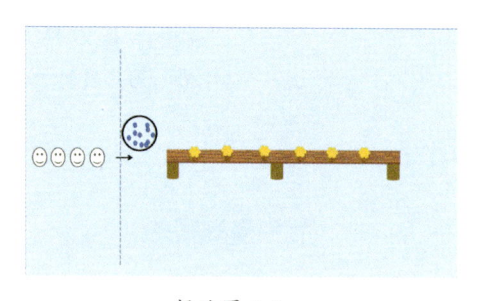

场地图示 3

下午体育活动

阶段一【D1】

【内容】单腿站桩

【方法】

提供和幼儿数量相同的可以站在上面的梅花桩或积木。幼儿单腿站立在梅花桩或积木上，过程中教师读秒，看幼儿能坚持几秒钟。尽量达到单腿站立 30 秒，保持身体的平衡协调。

阶段二【D2、D3】

【内容】端水走

【方法】

将幼儿分成四组，依次端一碗水从起点出发走到终点。幼儿要尽量保持身体平衡，不将水洒出来。最终碗里留最多水的小组获胜。

阶段三【D4、D5】

【内容】花样平衡

【方法】

幼儿分成四组，每组幼儿依次头顶绘本，双臂张开，沿直线走至终点。用时最短的队伍获胜。

家庭亲子活动

【D1、D2】

不倒翁接力：家长和孩子面对面站立，保持一定距离。游戏开始时，家长先做出"不倒翁"的动作（即身体可能会左右摇晃但不倒下），然后向前跑几步到孩子面前，与孩子击掌后返回起点。孩子接着做同样的动作，并跑向家长与其击掌。

【D3、D4】

平衡接力走：家长和孩子分别站在赛道的两端，进行平衡行走接力。可以使用平衡木、平衡板或简单的线条作为行走的道具。第一个人走到另一端后，与第二个人击掌交接，然后第二个人继续行走。

【D5、D6、D7】

盲人走路：家长用布条或眼罩蒙住孩子的眼睛，然后引导孩子绕过障碍物（如椅子、玩具等）走到指定地点。在这个过程中，家长可以用语言提示孩子如何调整方向和步伐。锻炼孩子的平衡和身体控制力，同时增强空间感知能力和胆量。

融入创新要素的体育游戏样例及实施建议

一、游戏样例

1. 游戏名称：轮胎真好玩（某一器材的创新玩法）。

玩法：提供以轮胎为主的活动材料，通过开放式提问引发幼儿想象材料的多种玩法。问题一："还记得轮胎可以怎么玩吗？"幼儿自由操作回忆玩轮胎的已有经验。问题二："除了这样玩，还可以怎么玩？"鼓励幼儿合作探索，根据轮胎的特点创新多样玩法。问题三："这种新的玩法叫什么名字？"鼓励幼儿说出创新玩法的名称，体现幼儿的自主思考。

2. 游戏名称：我会这样跳（某一动作技能的创新玩法）。

玩法：以"跳"为活动主要动作内容，通过开放式提问引发幼儿想象某一动作的多种玩法。问题一："你们会跳吗？会怎么跳？"幼儿自由展示各种跳的方法，回忆已有经验。问题二："除了这样跳，还可以怎么跳、在哪里跳？"鼓励幼儿对跳的方法及与其他地质、器材的结合进行设想，丰富跳的形式和玩法。问题三："除了一个人跳着玩，还可以几个人一起跳？"鼓励幼儿合作探索玩法。问题四："你们的新玩法可以叫什么名字？"鼓励幼儿说出创新玩法的名称，体现幼儿的自主思考。

3. 游戏名称：请你来挑战（根据材料设计玩法）。

玩法：投放绳子、梯子、圈等器材，通过开放式提问引发幼儿思考，设计基于不同器材组合而成的游戏。问题一："这些器材可以怎么玩？"幼儿自由操作或者讨论玩这些器材的已有经验。问题二："要把这些器材组合起来，设计一个每个材料都用到的游戏，可以怎么组合？"幼儿分组或自主设计，在实际操作中不断调整。问题三："你们设计的游戏有什么玩法要求？"引导幼儿将器材组合与技能要求相结合，设计玩法要求。问题四："谁想来挑战？"幼儿分别体验他人设计的游戏，并鼓励幼儿说出体验感受和调整建议。

4. 游戏名称：上山打怪物（根据故事情境选择材料）。

玩法：通过讲述提供故事情境和角色任务，引发幼儿思考选择哪些材料，设计路线和玩法等完成情境任务。故事讲述一："小勇士们，听说山上出现了一个怪物，它经常吓跑小动物，让它们有家不能回，猴子大王想请你们帮帮大家，你们愿意吗？"激发幼儿角色意识和任务意识。故事讲述二："小勇士们，这座山离我们很远，要经历很多障碍才能到达，会是什么样的障碍呢？"请幼儿自主分组，选择器材设置小组障碍路线。故事讲述三："怪物就在山上，怎么打这个怪物？"请每组幼儿协商选择适合打怪物的器材和技能。故事讲述四："看来一切都计划好了，我们快快出发打败怪物吧！"幼儿根据自己设计的路线和方法完成上山打怪物的任务。

二、实施路径

融入创新要素的体育游戏主要在大班阶段进行。大班幼儿在集体活动中的运动技能不断发展，体育游戏经验不断丰富，此过程中教师为幼儿提供时间、空间、资源等方面的支持，引导幼儿结合某个或某些运动技能，自主通过①设想游戏玩法，②计划并表征出自己的想法，③思考设计游戏所需要的场地、器材、同伴、规则等，④与同伴共同实践，⑤调整优化游戏计划，⑥为游戏命名等六个环节生成新的游戏内容。

三、实施建议

脑科学研究表明，丰富的环境刺激、稳定而积极的情感支持、充分的学习机会和大量的自主活动与探索，才能使大脑结构和功能优化，提高创新能力。一是激活幼儿创新的欲望和潜能，这些与生俱来的欲望和潜能是幼儿自身宝贵的发展资本，而创新的欲望和潜能是其中特别宝贵的部分；二是引导幼儿创新的动机和方法，包括"引"和"导"两方面，"引"是对幼儿的创新动机予以必要引领，"导"是对幼儿创新方法予以必要指导。这其中凸显的是双主体行为，即教师要有创新教育的意识，幼儿要有创新欲望。

（一）营造积极的心理氛围，激发内在动机

1. 健康积极的环境。

有利于幼儿创新能力培养的氛围要是宽松、愉悦和安全的。在没有压力的环境下，幼儿会沉醉于创新的活动中，如：创设能启动幼儿边缘系统的故事性情境，幼儿会进入情境中，主动调动自身情绪解决问题。

2. 宽容和自由的沟通渠道。

"心理自由"和"心理安全"是创新氛围形成的两个重要因素。教师需要理解幼儿行为背后的原因，以宽容的态度让幼儿的想法自由流淌。当幼儿出现新的想法和方法时，教师需给予适时的评价，强化他们创新的意识，增强内在动机。

（二）创设经验联结的机会，鼓励积极加工

在活动中要重视幼儿的主体性和能动性，为幼儿提供大量探索的机会，切忌将幼儿视为知识的容器。教师通过提问帮助幼儿积极思考，主动将经验、知识进行联结和加工，解决遇到的问题。

所谓突破教育界限就是需要有跳出幼教看幼教的视野和跨领域、跨学科尝试的胆量，去释放孩子们可能的力量。脑科学引领下的教育科研能帮助我们更好地理解幼儿的行为，揭开"人是如何学习的""学习是如何发生的"等一系列问题，在知其然且知其所以然的情况下，运用更科学的方式开展教育。创新教育的最终目的是培养拥有创新能力的人，当然这需要通过"教育"的创新去实现，因此对于创新教育的理解应是全面的、立体的，其行动主体是所有教师，服务对象是每一个孩子。我们要思考教育的过程是引导还是"诱

导"、是趣味横生还是"强颜欢笑"、是面向全体还是面向个体？幼儿是游戏的体验者还是游戏的创设者？要知道任何教学实践活动的开展都离不开对幼儿实际情况的分析和考量。创新教育不能成为口号，亦不能本末倒置。